플라워 니팅

대바늘로 뜨는 귀여운 꽃과 열매 무늬 100가지

이부키 히로코 Hiroko Ibuki

오롯한날

시작하며

"뜨개 패턴집을 만듭시다. 모두 꽃을 모티브로 하여"라고 정해졌을 때 제 마음 속에는 가족이 떠올랐습니다. 온실처럼 유리를 붙인 방에서 언제나 한 손에 연필을 쥐고 꽃을 그리고 계시던 할아버지, 정원 가꾸기를 좋아하여 "정원의 꽃을 꽂아 보려무나"라고 가르쳐주었던 아버지, 꽃집에 가서는 보기 드문 모종을 발견하고 정원에 척척 심었던 어머니. 이런 가족과 함께 자란 저도 물론 꽃을 좋아합니다. 제가 꽃을 표현하는 방법은 뜨개실로 꽃을 뜨는 것이고요.

지금까지 식물의 색이나 형태를 찍어서 모아둔 사진을 보니 꽃집에 진열되어 있을 것 같은 꽃이 아니라 산책 중에 발견한 것 같은 흔한 꽃 뿐. 그런 가까운 꽃들도 잘 보면 기하학적인 모양도 있고 절묘한 그라데이션 색상도 있고 잎과 꽃잎의 형태도 천차만별입니다. 아 즐겁다! 하며 손을 움직이니 100개의 뜨개 바탕이 생겨났습니다.

작은 뜨개 바탕을 1장 떠서 액자에 넣어 장식해도 좋고, 좋아하는 패턴을 골라서 옷이나 머플러를 뜨는 것도 즐거울 것 같습니다. '보고, 생각하고, 손을 움직인다'. 간단하지만 언제까지나 계속되는 과제입니다.

자, 백 한 번째를 뜨기 위해 오늘은 산책을 나서 보겠습니다!

이부키 히로코 伊吹広子

| 장미 꽃봉오리 | 물망초 | 버섯과 이끼 |
| 양귀비 | 은방울꽃 | 레드커런트 |

이 책에 대하여

이 책에는 100개의 패턴이 게재되어 있습니다. 작은 꽃을 반복하여 뜬 것, 꽃을 클로즈업하여 큰 꽃으로 만든 것, 작은 무늬를 옆으로 나란히 배치하여 줄무늬로 한 것, 전통적인 무늬를 배치한 것, 자수를 더한 것 등으로 기법도 다양합니다.

스와치를 사용하여 '예를 들어 이런 것을 만들 수 있다'는 작품도 떠보았습니다. 어떤 작품도 '나라면' 선택한다는 실과 색상으로 떠보았습니다. '여러분'이라면 어떤 선택을 하실까요?

자유롭게 패턴을 바꾸어 넣어가며 자신과 닮은 색으로 떠 보기를 권합니다. 취향에 맞춰 변경하기 쉽도록 옷의 형태는 대부분 직사각형을 이어 만들도록 했습니다. 그리고 매일의 생활이 밝고 즐겁도록 간단하게 만들기 쉬운 소품도 많이 실었습니다.

스와치 페이지에 대하여

- 스와치의 사진 옆 페이지에 도안을 실었습니다. 스와치가 말리지 않도록 가장자리에 가터뜨기를 했습니다. 도안에는 가장자리의 가터뜨기는 생략했습니다.
- 반복 무늬는 부분적인 도안과 반복 구간을 알기 쉽도록 큰 도안으로 게재한 것도 있습니다.
- 잘라둘 배색 실의 길이는 근삿값입니다. 실에 따라 길이가 달라집니다. 시험뜨기를 했다가 실을 다시 풀어 길이를 재서 자신의 길이를 구합시다. (39페이지 참조)
- 10코, 10단마다 굵은 선을 그어 놓았으니 기준선으로 사용해 주세요.
- 색이 다른 스와치는 실의 색 번호만을 게재했습니다.
- 6, 26, 44, 70, 122페이지의 뜨는 법 해설사진도 참고해 주세요.

차례

시작하며 2
이 책에 대하여 3
도구와 재료 6
Lesson1 배색뜨기 기본 기법 8

작은 꽃

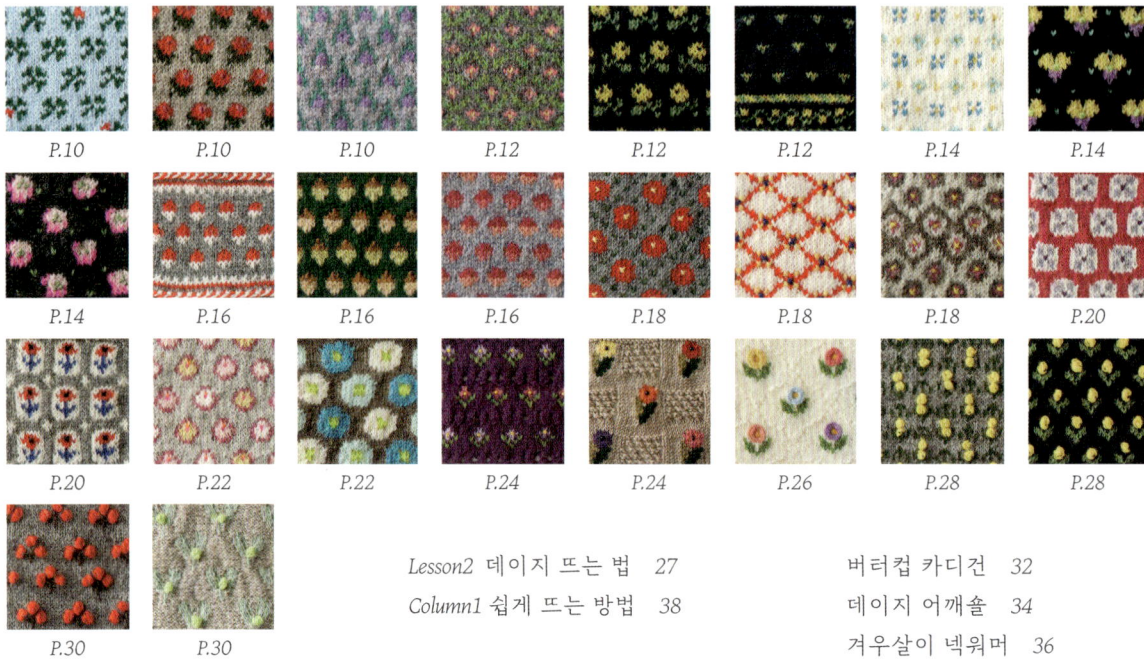

Lesson2 데이지 뜨는 법 27
Column1 쉽게 뜨는 방법 38

버터컵 카디건 32
데이지 어깨숄 34
겨우살이 넥워머 36

큰 꽃

Lesson3 리본 뜨는 법 44
Column2 실 선택과 이미지 64

엉겅퀴 볼레로 62

과일

| P.66 | P.66 | P.68 | P.68 | P.72 | P.72 | P.72 | P.74 |

| P.74 | P.76 | P.76 |

Lesson4 체리 뜨는 법 70
Column3 자신의 사이즈에 맞추기 79
업&다운 체리 가방 78

보더

| P.82 | P.82 | P.82 | P.84 | P.84 | P.86 | P.86 | P.88 |

| P.88 | P.90 | P.90 | P.92 | P.92 | P.94 | P.94 | P.96 |

| P.96 |

티 코지와 티 매트 98
손목 워머 99

단색 무늬

| P.100 | P.100 | P.102 | P.102 | P.104 | P.104 | P.106 | P.106 |

| P.108 | P.108 | P.110 | P.110 | P.112 | P.112 |

롱 핸드워머 114
은방울꽃 후드 숄 115
레이디스 망토 116

스와치로 만들 수 있는 것

브로치, 코스터 118
핀쿠션, 미니 액자 119
패치워크 가방 120
패치워크 숄 121

Lesson5 구슬뜨기 뜨는 법 122
Lesson6 라트비안 브레이드 뜨는 법 124
Lesson7 트리니티 스티치 뜨는 법 125
Lesson8 스모킹 스티치와 매듭뜨기 뜨는 법 126
Lesson9 메리야스 스티치 수놓는 법 127
Lesson10 스와치끼리 연결하는 법 128

작품 뜨는 법과 만드는 법 129

도구

이 책에서 사용한 도구를 소개합니다.

1. **줄바늘** 대바늘에 코드(줄)를 연결한 바늘. 원통뜨기에 사용합니다. 평면뜨기할 때에 사용해도 좋습니다.
옷을 뜰 때에는 줄이 긴 것을 사용하고, 핸드워머 등에는 짧은 것을 사용합니다. 콧수에 맞춰서 길이를 선택하면 됩니다.
2. **막대바늘** 평면뜨기(왕복뜨기)에 사용합니다. 여러 가지 소재의 바늘이 있으므로 자신에게 맞는 것을 선택해주세요.
3. **자수바늘** 뜨개실이 통과하는 끝이 뾰족한 자수바늘. 뜨개 바탕을 꿰맬 때, 이을 때, 실을 정리할 때에 사용합니다.
4. **핀쿠션, 핀, 재봉 바늘** 핀은 뜨개 바탕끼리 고정시킬 때 등에 사용합니다. 재봉 바늘은 펠트나 비즈를 꿰매거나 장식할 때에 사용합니다.
5. **꽈배기바늘** 교차 무늬를 뜰 때에 사용합니다. 교차시키고 싶은 코에 끼워서 쉼코로 두고 나서 뜹니다.
6. **콧수링** 대바늘에 끼워서 콧수를 표시합니다.
7. **자, 줄자** 게이지나 편물의 크기를 잴 때에 사용합니다.
8. **코바늘** 바늘 끝이 고리 모양으로 뜨개실을 걸도록 되어 있습니다. 뜨개 바탕끼리 꿰맬 때나 구슬뜨기에 사용합니다.
9. **어깨핀** 뜨는 도중에 뜨개 바탕의 코를 쉬어둘 때에 사용합니다. 실 등을 대신 사용해도 괜찮습니다.
10. **가위** 실을 자를 때에는 작은 것으로 충분합니다. 가방의 주머니의 원단을 재봉할 때에는 재봉 가위를 사용합니다.

이 외에 다리미와 다리미판 등을 준비해 둡니다.

다림질 하는 법

뜨개를 끝내면 꼭 다림질을 합시다. 뜨개코가 깔끔하게 정돈됩니다.

1 다리미판에 뜨개 바탕의 안면을 위로 보이게 놓고, 모양을 정리하여 핀으로 고정합니다.

2 스팀다리미를 살짝 띄워서 표면만을 다림질하듯이 다림질합니다. 그대로 뜨개 바탕을 식힙니다.

3 완성. 뜨개코가 정돈되어 무늬도 또렷하게 나오게 되었습니다. 이 상태로 게이지를 계산합니다.

재 료

이 책의 작품을 만들 때 사용한 실을 소개합니다.
수예점이나 온라인 쇼핑몰 등에서 구입할 수 있습니다.

퍼피(PUPPY)
1. 퍼피 뉴 2PLY 2. 알바 3. 모나카
4. 키드모헤어파인 5. 셰틀랜드
6. 브리티시 파인 7. 차스카

로완(ROWAN)
8. 펠티드 트위드 9. 키드 실크헤이즈

제이미슨스(Jamieson's)
10. 셰틀랜드 스핀드리프트

책 속 스와치는 브리티시 파인(위)와 셰틀랜드 스핀드리프트(아래)를 주로 사용하고 있습니다. 둘 다 영국산 실로 질감이나 외양이 비슷합니다. 스핀드리프트는 물세탁을 하면 섬유끼리 엉깁니다.

물세탁 방법

작품을 다 뜨면 뜨개실 라벨의 표기를 확인하고 물세탁 합니다. 물세탁 후에는 기름이나 먼지가 떨어지고 폭신해집니다.

1 미지근한 물에 담급니다. 펠팅을 하려면 가볍게 비비고, 의류는 살살 눌러 뺍니다.

2 타올드라이 합니다. 타올에 끼워서 가볍게 눌러 수분을 제거합니다. 그 뒤에는 평평하게 놓고 응달에서 말립니다.

세탁 전 세탁 후

3 뜨개 바탕이 도톰해지고 코가 정리되었습니다.

Lesson 1 — 배색뜨기 기본 기법

실을 가로로 보내며 뜨는 법과 세로로 보내며 뜨는 법이 있습니다. 모든 방법이 안면에서 건너는 실이 실이 당겨지거나 늘어지지 않도록 당기는 힘을 일정하게 조정하여 뜹니다. 가로로 길게(5cm이상) 건너는 경우에는 도중에 실을 걸어줍니다.

가로 배색

1 10페이지의 빨간 미니 장미의 잎 부분을 뜨겠습니다. 색깔을 바꾸기 전의 코까지 뜹니다.

2 다음 코는 녹색 실로 바꾸겠습니다. 뒤에서 실을 교차시킵니다. 바탕색인 차콜그레이를 위, 배색인 녹색을 아래로 합니다.

3 도안대로 녹색으로 2코, 차콜그레이로 1코, 녹색으로 1코를 뜹니다. 항상 바탕색 실이 위에, 배색 실이 아래에 있도록 합니다.

실 걸기

1 실이 길게 건너는 꽃 부분을 안뜨기로 뜹니다. 6코만큼 간격이 생기므로 배색 실을 3코 뜨면 다음 코를 뜨기 전에 바탕색 실과 배색 실을 교차시킵니다.

2 그대로 바탕색 실로 도안대로 뜹니다. 이와 같이 한 코를 걸어주면 실의 장력을 일정하게 유지할 수 있으며 편물을 사용할 때에도 실이 걸리지 않게 됩니다.

세로 배색

1 54페이지의 데이지의 줄기 부분을 세로 배색으로 뜨겠습니다. 줄기의 1코 전 코까지 뜹니다.

2 바탕색 실인 하늘색과 줄기의 초록색을 뒤에서 교차시킵니다. 바탕색 실은 아래, 배색 실은 위가 됩니다.

3 다음 코도 바탕색이므로 그대로 뜹니다.

4 배색 실인 녹색으로 바꿔 쥐고 1코 뜹니다. 뒤(안면)에서 바탕색 실이 위로 되어 있습니다.

5 바탕색 실인 하늘색을 아래로 보내서 바꿔 쥐고 끝까지 뜹니다.

6 안면에서는 사진과 같이 실이 건너고 있습니다. 뜨개코에서 그대로 세로로 건너게 하는 것이 아니라 1코 전에서 실을 교차시켜 두는 것을 잊지 말도록 합시다.

실 정리 방법

뜨개를 끝내면 실 끝을 안면에서 꿰어서 빠지지 않도록 정리합니다.

1 자수바늘(돗바늘)에 실 끝을 꿰니다.

2 같은 색의 실에 꿰니다. 실의 아래를 지나는 것이 아니라 실을 갈라 그 사이로 바늘을 넣습니다.

3 마지막으로 실을 손으로 단단히 잡고 편물을 살짝 눌러 당깁니다. 이렇게 함으로써 겉면의 코가 딱 적당한 크기가 됩니다. 여분의 실을 잘라냅니다.

Point

이 책의 패턴 중에는 배색에 필요한 길이만큼 실을 미리 잘라두는 것이 있습니다. 실을 잘라두느라 번거롭고 실 정리할 것도 많아집니다. 그러나 건너는 실이 적어지고 서로 엉키지 않아 뜨개가 손쉬워집니다. 39페이지도 참조해주세요.

스와치의 뜨개 기호

이 책의 스와치 100개에 사용한 뜨개 도안 기호입니다. 뜨는 법은 사진 해설과 뜨는 법 그림 해설을 봐 주세요.

대바늘

- 겉뜨기
- 안뜨기
- 걸러뜨기
- 돌려뜨기
- 돌려뜨기(안뜨기)
- 덮어씌우기 코막음
- 감아코로 늘리기

- 왼코 위 3코 모아뜨기
- 오른코 위 3코 모아뜨기
- 중심 3코 모아뜨기
- 왼코 위 2코 모아뜨기
- 오른코 위 2코 모아뜨기
- 오른코 위 3코 모아뜨기
- 오른코 위 5코 모아뜨기
- 오른코 위 7코 모아뜨기

- 7코 2바퀴 감기 스모킹
- 6코 5바퀴 감기 스모킹
- 5코 3바퀴 감기 스모킹
- 3코의 왼코에 꿰는 매듭

- 왼코 위 1코 교차뜨기
- 오른코 위 1코 교차뜨기
- 왼코위1코 교차뜨기 (가운데에 안뜨기 1코 뜨기)
- 오른코 위 3코 교차뜨기
- 왼코 위 3코 교차뜨기
- 오른코 위 3코와 1코 교차뜨기
- 왼코 위 3코와 1코 교차뜨기
- 왼코 위 1코와 3코 교차뜨기
- 오른코 위 1코와 3코 교차뜨기
- 오른코 위 2코 교차뜨기
- 왼코 위 1코 돌려 교차뜨기(아래코 안뜨기)
- 오른코 위 1코 돌려 교차뜨기(아래코 안뜨기)

트리니티 스티치
- 3코 모아뜨기 / 1코에서 3코 코늘림

※ 대바늘의 구슬뜨기는, 뜨개 바탕을 뒤집어가며 평면뜨기로 구슬을 만든 후에 바늘에 되돌려서 계속 뜨는 방법(왼쪽 그림, 뜨개 도안에서의 1단)과 67,69페이지의 체리와 같이 몇 단에 걸쳐 뜨는 방법이 있습니다.

코바늘

- 사슬뜨기
- 긴뜨기 2코 구슬뜨기
- 긴뜨기 3코 구슬뜨기
- 한길긴뜨기 2코 구슬뜨기

= 코늘림

구슬뜨기
- 코바늘로 빼뜨기
- 사슬뜨기 1코
- 오른코 위 5코 모아뜨기
- 코늘림
- 떠넣은 코를 빼뜨기한다

작은 꽃

작은 꽃이 연속되는 패턴입니다.
작고 귀여운 느낌을 주어 어느 곳에도 잘 어울립니다.

클로버

실
[제이미슨스] 스핀드리프트
■#655 차이나 블루　■#800 타탄　■#500 스칼렛

바늘　대바늘 4호(3.3mm)
뜨개바탕　33코×40단
게이지　28코×28단/10cm×10cm

난이도　★☆☆

빨간 미니 장미

실
[퍼피] 브리티시 파인
■#024 차콜그레이　■#055 녹색
■#006 빨강　■#068 로즈핑크

바늘　대바늘 4호(3.3mm)
뜨개바탕　36코×40단
게이지　28코×32단/10cm×10cm

난이도　★☆☆

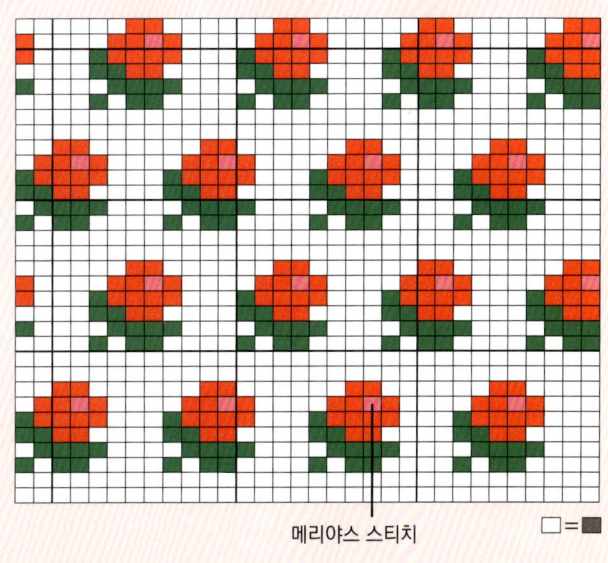

메리야스 스티치

시칠리안 허니 릴리

사용실
제미슨스 스핀드리프트
■#180 미스트　■#772 버디그리스　■#616 아네모네

바늘　대바늘 5호(3.6mm)
뜨개바탕　35코×41단
게이지　28코×32단/10cm×10cm

난이도　★★☆

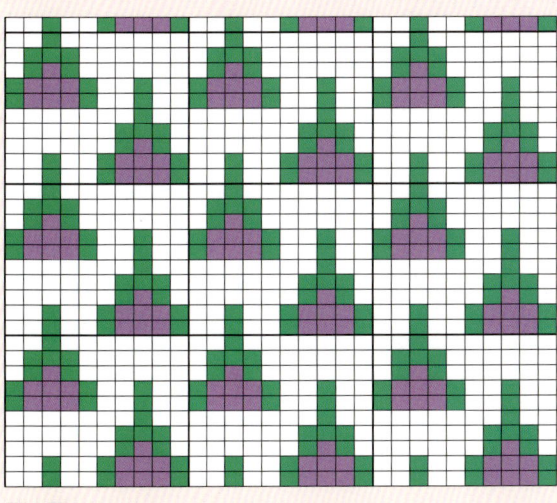

타이니 가든

실
[제이미슨스] 스핀드리프트
■#315 왜가리　■#390 수선화　■#188 셔벗
■#259 레프러콘

바늘　　대바늘 5호(3.6㎜)
뜨개 바탕　33코×38단
게이지　　28코×30단/10㎝×10㎝

난이도　★★☆

Point
작은 가로 배색 무늬는 신축성이 없어서 의류에는 적합하지 않지만 소품에는 딱 좋습니다.

□ = ■

버터컵

실
[퍼피] 브리티시 파인
■#003 감색　■#066 노랑　■#080 연두

바늘　　대바늘 5호(3.6㎜)
뜨개 바탕　34코×38단
게이지　　26코×30단/10㎝×10㎝

난이도　★☆☆

□ = ■

버터컵 보더

실
[퍼피] 브리티시 파인
■#003 감색　■#066 노랑　■#080 연두

바늘　　대바늘 5호(3.6㎜)
뜨개 바탕　30코×34단
게이지　　28코×30단/10㎝×10㎝

난이도　★☆☆

더블 라트비안 브레이드(124페이지 참조)

□ = ■

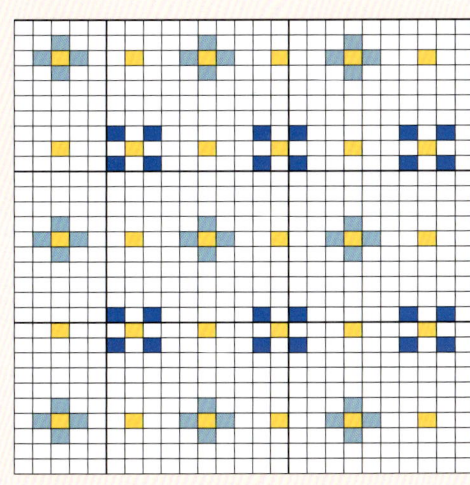

물망초

실
[제이미슨스] 스핀드리프트
☐ #104 내추럴 화이트　■ #390 수선화　■ #676 사파이어
■ #929 아쿠아

바늘　대바늘 4호(3.3mm)
뜨개 바탕　33코×42단
게이지　28코×32단/10cm×10cm

난이도　★☆☆

비올라

실
[제이미슨스] 스핀드리프트
■ #999 검정　■ #616 아네모네　■ #785 애플
■ #400 미모사　■ #770 민트

바늘　대바늘 4호(3.3mm)
뜨개 바탕　35코×42단
게이지　28코×34단/10cm×10cm

난이도　★☆☆

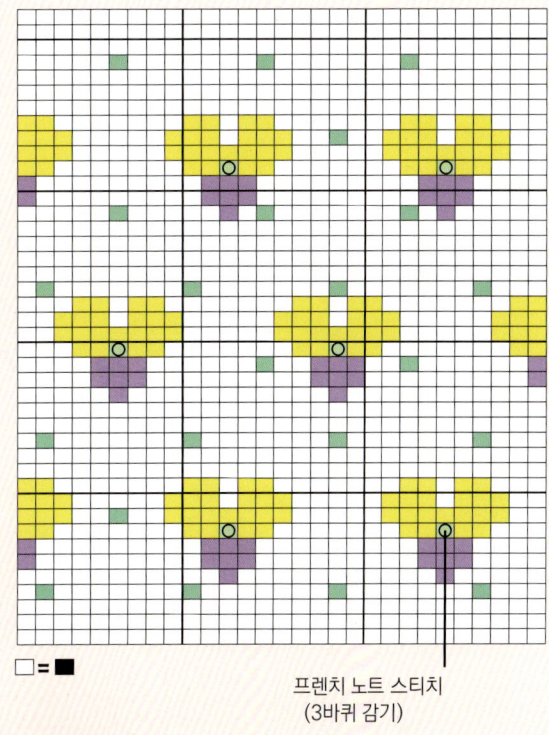

☐ = ■

프렌치 노트 스티치
(3바퀴 감기)

플럼

실
[퍼피] 브리티시 파인
■ #012 먹색　■ #085 네온핑크　■ #080 연두
☐ #031 핑크

바늘　대바늘 4호(3.3mm)
뜨개 바탕　34코×42단
게이지　30코×34단/10cm×10cm

난이도　★☆☆

프렌치 노트 스티치
(1바퀴 감기)

☐ = ■

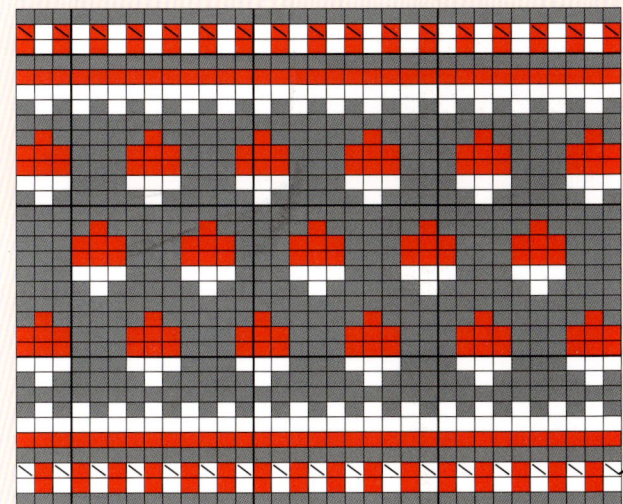

버섯

실

[퍼피] 브리티시 파인
■#009 그레이 □#001 흰색 ■#006 빨강

바늘 대바늘 4호(3.3mm)
뜨개 바탕 33코×33단(12.5×15cm)
게이지 28코×36단/10cm×10cm

난이도 ★☆☆

라트비안 브레이드(124페이지 참조)

프렌치 노트 스티치(2바퀴 감기)

스트레이트 스티치   □=■

도토리

실

[제이미슨스] 스핀드리프트
■#788 리프 ■#342 캐슈
■#1190 어두운 갈색 ■#365 샤르트뢰즈

바늘 대바늘 4호(3.3mm)
뜨개 바탕 34코×39단
게이지 26코×32단/10cm×10cm

난이도 ★☆☆

Point
비슷한 무늬라도 단수나 자수를 달리하면 느낌이 바뀝니다!

월귤

실

[제이미슨스] 스핀드리프트
■#180 미스트 ■#540 코랄 ■#585 플럼
■#188 셔벗

바늘 대바늘 4호(3.3mm)
뜨개 바탕 34코×40단
게이지 27코×30단/10cm×10cm

난이도 ★☆☆

□=■

동백꽃

실

[퍼피] 알바　■#1094 다크 그레이　■#5139 빨강
[퍼피] 브리티시 파인　■#035 머스터드　■#055 녹색

바늘	대바늘 6호(3.9mm)
뜨개 바탕	33코×36단
게이지	26코×30단/10cm×10cm
난이도	★☆☆

메리야스 스티치　크로스 스티치

라트비안 격자

실

[제이미슨스] 스핀드리프트
□#104 내추럴 화이트　■#390 수선화
■#500 스칼렛　■#710 용담

바늘	대바늘 5호(3.6mm)
뜨개 바탕	33코×40단
게이지	28코×28단/10cm×10cm
난이도	★☆☆

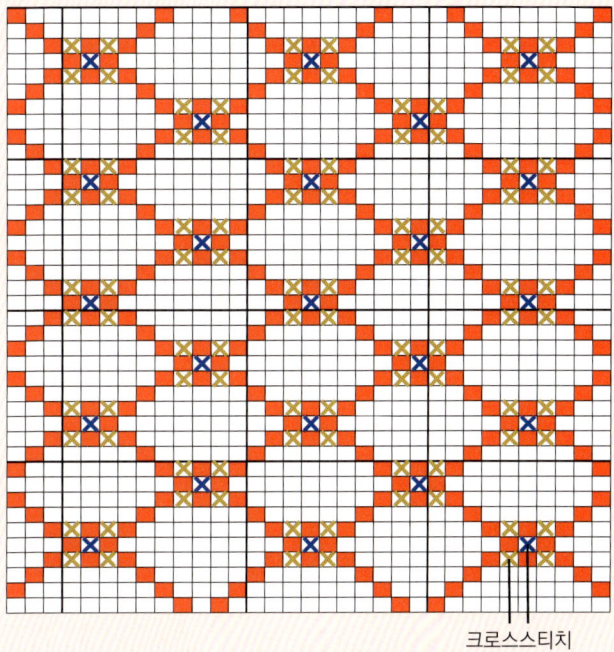

크로스스티치

Point
다림질과 실 정리를 하여 뜨개바탕을 정리한 후에 자수를 놓읍시다.

지그재그와 작은 꽃

실

[퍼피] 브리티시 파인
■#040 베이지　■#066 노랑　■#024 차콜그레이
■#068 로즈핑크

바늘	대바늘 4호(3.3mm)
뜨개 바탕	35코×40단
게이지	30코×32단/10cm×10cm
난이도	★★☆

크로스스티치

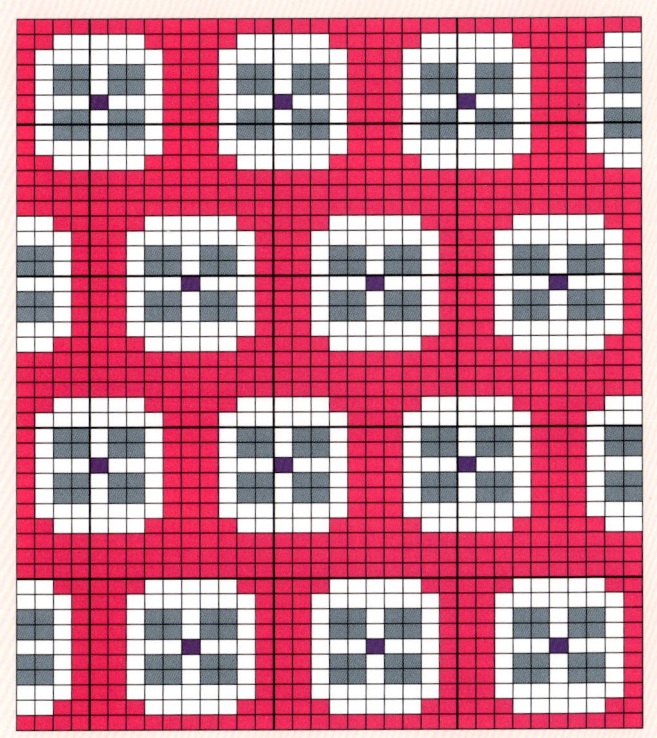

패랭이꽃

실
[제이미슨스] 스핀드리프트
■#585 플럼   ■#599 조디악   □#104 내추럴 화이트
■#180 미스트

바늘   대바늘 5호(3.6mm)
뜨개 바탕   34코×47단
게이지   29코×28단/10cm×10cm

난이도   ★☆☆

작은 양귀비

실
[퍼피] 브리티시 파인
■#009 그레이   ■#006 빨강   □#001 흰색
■#008 검정   ■#007 군청색

바늘   대바늘 5호(3.6mm)
뜨개 바탕   33코×36단
게이지   30코×30단/10cm×10cm

난이도   ★☆☆

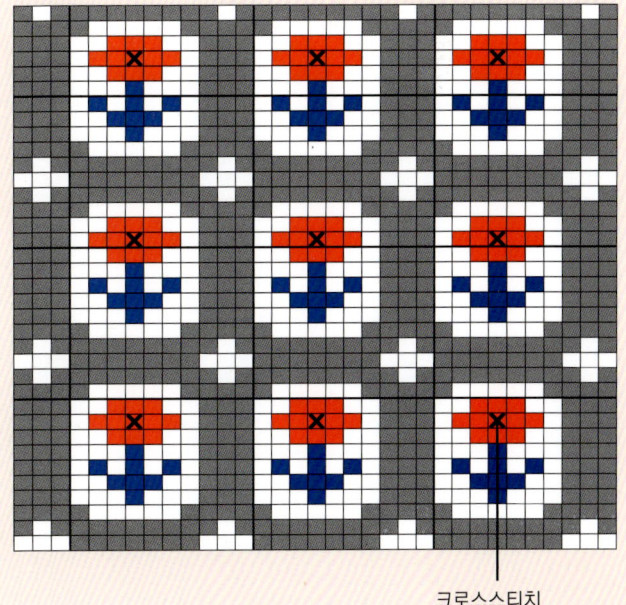

크로스스티치

a

b

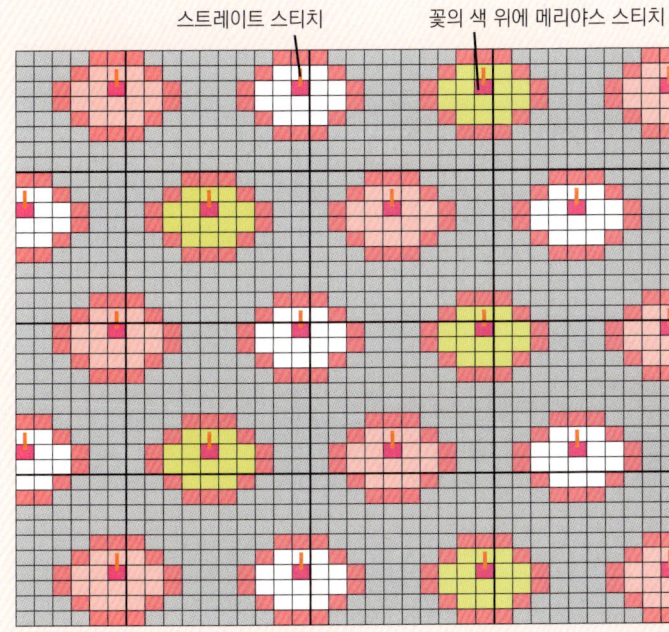

스트레이트 스티치   꽃의 색 위에 메리야스 스티치

작고 둥근 꽃

실

[퍼피] 브리티시 파인

- #010 라이트 그레이
- #031 핑크
- #068 로즈 핑크
- #001 흰색
- #073 라이트 옐로
- #087 네온 오렌지
- #085 네온 핑크

바늘   대바늘 5호(3.6mm)

뜨개 바탕   36코×38단

게이지   30코×30단/10cm×10cm

난이도   ★★☆

꽃의 색 위에 메리야스 스티치

파란 양귀비

a

실

[퍼피] 브리티시 파인

- #024 차콜그레이
- #074 연파랑
- #091 피스타치오
- #001 흰색
- #086 네온 옐로
- #092 청록색

바늘   대바늘 5호(3.6mm)

뜨개 바탕   35코×40단

게이지   30코×34단/10cm×10cm

b

실

[제이미슨스] 스핀드리프트

- #710 용담
- #780 라임
- #772 버디그리스
- #616 아네모네
- #540 코랄
- #769 버드나무

바늘   대바늘 5호(3.6mm)

뜨개바탕   35코×40단

게이지   32코×34단/10cm×10cm

난이도   ★☆☆

※ 배색무늬 실 분량:
화심*은 35cm, 꽃은 125cm로 실을 잘라 둔다.

* 화심花芯: 꽃의 한가운데 꽃술이 있는 부분.

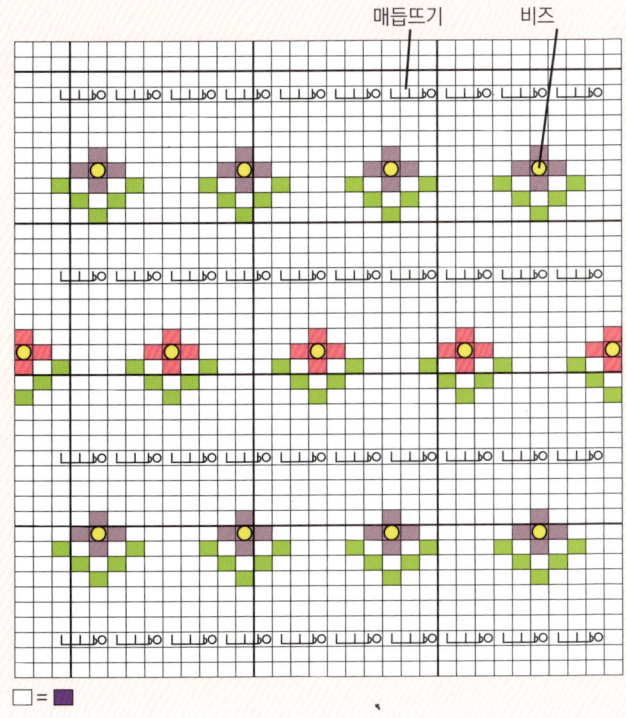

작은 꽃과 매듭뜨기

실
[제이미슨스] 스핀드리프트
■ #599 조디악 ■ #259 레프러콘 ■ #188 셔벗
■ #617 라벤더

기타
비즈 TOHO 원형 No.42

바늘 대바늘 4호(3.3mm)
뜨개 바탕 33코×42단
게이지 28코×32단/10cm×10cm

난이도 ★☆☆

※ 3코의 왼코에 꿰는 매듭의 뜨는 법은 127페이지 참조

Point
비즈는 다리미질과 실 정리를 끝내서 뜨개 바탕을 정리한 후에 재봉실로 단단히 답니다.

작은 꽃과 비침무늬

실
[퍼피] 알바
■ #1087 베이지 ■ #1109 노랑 ■ #5139 빨강
■ #1265 오렌지 ■ #1170 핑크 ■ #1215 보라
■ #1110 모스그린 ■ #1185 녹색

기타
비즈 MIYUKI 드롭 비즈 DP401

바늘 대바늘 6호(3.9mm)
뜨개 바탕 34코×42단
게이지 26코×34단/10cm×10cm

난이도 ★☆☆

※ 배색 무늬 실 분량: 꽃과 녹색잎은 60cm, 모스그린색 잎은 55cm로 실을 잘라 둔다.

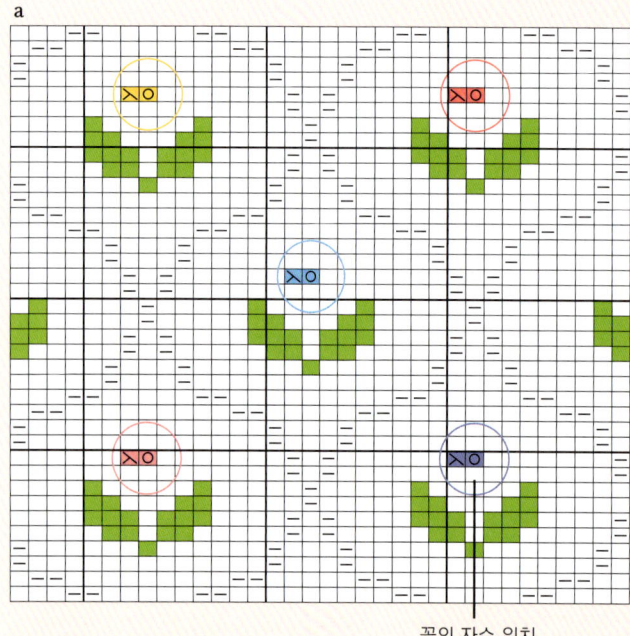

격자 무늬와 데이지

a

실
[제이미슨스] 스핀드리프트
☐ #104 내추럴 화이트　🟩 #259 레프러콘
꽃은 좋아하는 색으로
기타　펠트 진노랑 (세탁한 것)

b

실
[퍼피] 브리티시 파인
☐ #021 라이트베이지　🟥 #031 핑크　🟩 #080 연두
기타　펠트 흰색 (세탁한 것)

공통

바늘　대바늘 4호(3.3mm)
뜨개 바탕　34코×38단
게이지　28코×36단/10cm×10cm

난이도　★☆☆

※ 데이지 꽃 뜨는 법은 27페이지 참조
※ 배색무늬 실 분량: 잎은 실을 55cm 잘라둔다.

Point
1코 비침 무늬를 이용하는 간단하고 귀여운 기법입니다. 자수를 놓는 방법이나 색상에 따라 달라지는 분위기를 즐겨 봅시다.

꽃의 자수 위치

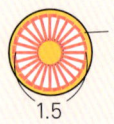
뒷면에 펠트를 겹친다.
1.5

2.5cm정도의 펠트를 준비하여 자수를 놓은 다음 여분을 잘라낸다.
1.5

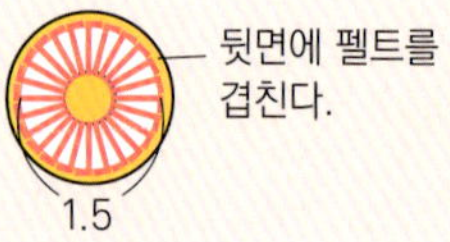

a : 바깥쪽에 블랭킷 스티치
단단하고 또렷하다

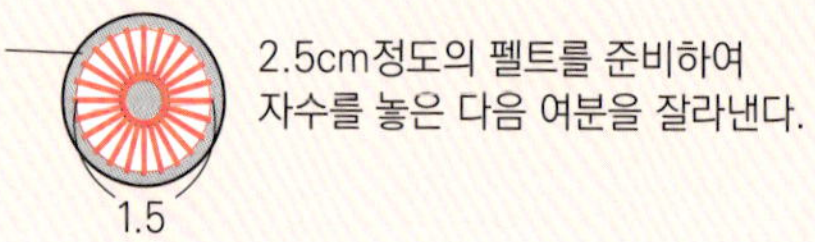

b : 안쪽에 블랭킷 스티치
부드럽고 폭신하다

Lesson 2 데이지 뜨는 법

뜨개 바탕 자체는 심플하지만, 자수를 더하여 데이지를 완성합니다.

1 데이지 뜨개 바탕의 꽃 부분의 구멍이 나 있는 상태입니다. 자수를 놓을 부분의 크기보다 큰 펠트와 자수용 실을 준비합니다. 펠트는 수축되거나 색이 빠질 가능성이 있으므로 선세탁하여 사용합니다.

2 꽃의 구멍 뒤쪽에 펠트를 겹쳐서 바늘로 꿰맵니다.

3 구멍에서 5mm 떨어진 위치에 재봉 바늘과 실로 홈질 합니다. 매듭은 펠트의 가운데로 오도록 해 두면 좋습니다.

4 자수바늘에 실을 꿰어 펠트를 한바늘 꿰맵니다. 실 매듭을 짓지 않고 그대로 수놓습니다. 실의 길이는 최장 30~40cm정도로 하고 그 이상일 때는 자르기도 합니다.

5 구멍 가장자리쪽으로 바늘을 빼냅니다. 블랭킷 스티치(버튼홀 스티치)를 합니다.

6 옆에 바늘을 넣고 바늘땀을 기준으로 수직으로 뜨개 바탕을 한 땀 뜨면서 바늘 끝에 실을 걸어 빼냅니다.

7 다음도 바로 옆에 바늘을 넣어 같은 요령으로 자수를 놓습니다. 틈이 벌어지지 않도록 채워서 수놓아 주세요.

8 구멍을 따라서 한바퀴 수놓습니다. 마지막에는 뒷면의 펠트로 바늘을 빼서 실매듭을 짓지 않고 펠트에 실을 꿰고 자릅니다.

9 펠트의 여분을 잘라내고 완성합니다.

🌸 여러 가지 데이지

꽃의 바깥쪽에서 바늘을 꺼내서, 안쪽을 향해 블랭킷 스티치를 한 타입. 테두리선이 없어서 보다 부드러운 인상이 됩니다.

바깥쪽을 향해 블랭킷 스티치로 수놓아 꽃의 모양이 확실히 보이는 타입입니다.

2단에 자수를 놓은 타입. 흰색으로 채워서 수를 놓고, 흰색의 중간부터 간격을 두고 빨간색으로 수놓습니다.

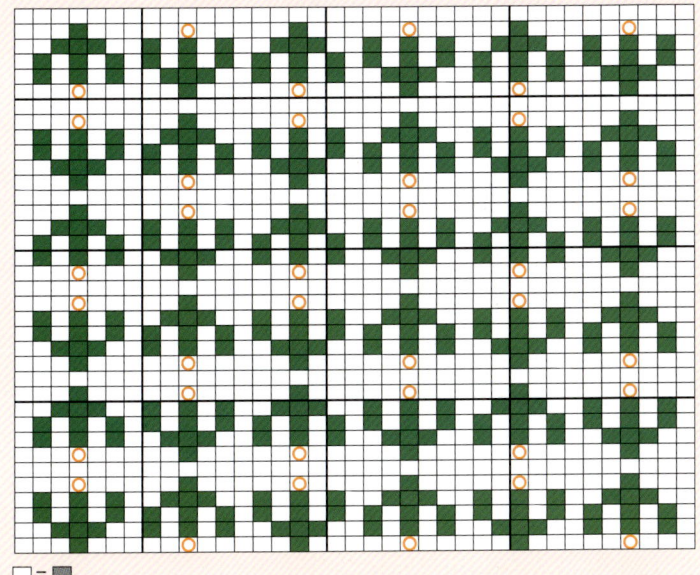

업&다운 민들레

실
[퍼피] 브리티시 파인

■#009 그레이 ■#055 녹색 ☐#066 노랑

바늘 대바늘 5호(3.6mm), 코바늘2/0호
뜨개바탕 47코×36단
게이지 30코×30단/10cm×10cm

난이도 ★☆☆

※ 코바늘 구슬뜨기는 123페이지 참조

◯ = 긴뜨기 2코 구슬뜨기 코바늘 2/0호

위로 향한 것은 바탕색
아래로 향한 것은 구슬뜨기의 색

Point
코바늘 구슬뜨기는 단단하게 떠서 옆으로 건너는 실이 늘어지지 않도록 합시다.

프림로즈

실
[퍼피] 브리티시 파인

■#003 감색 ■#080 연두 ☐#066 노랑

바늘 대바늘 4호(3.3mm), 코바늘2/0호
뜨개바탕 33코×42단
게이지 28코×34단/10cm×10cm

난이도 ★☆☆

※ 코바늘 구슬뜨기는 123페이지 참조

◯ = 바탕색 긴뜨기 2코 구슬뜨기 코바늘 2/0호

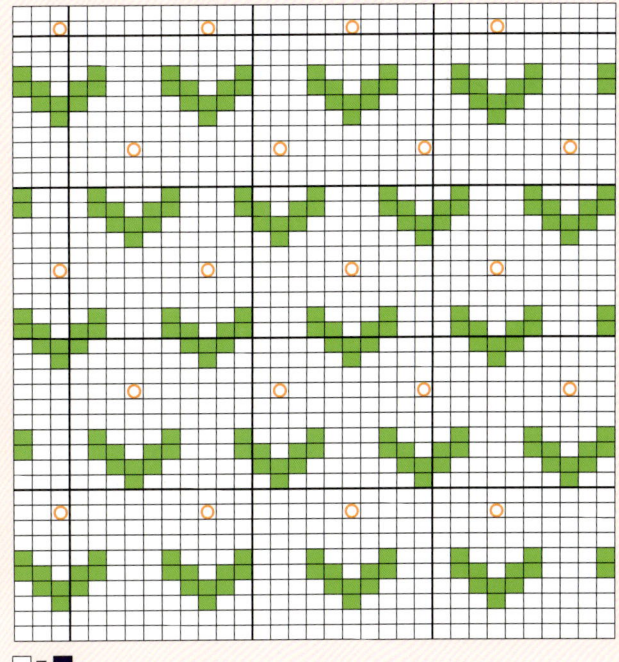

□ = ■

a

b

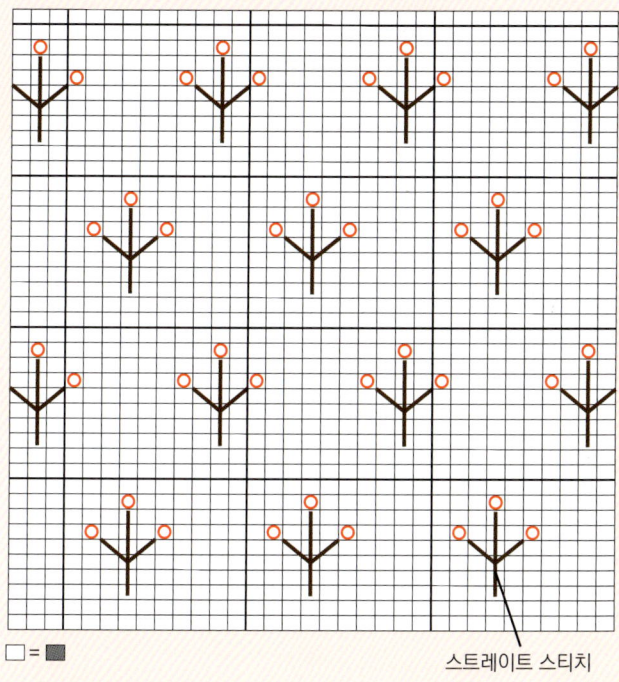

빨간 열매 꼭두서니

실
[퍼피] 브리티시 파인
■#009 그레이 ■#006 빨강 ■#022 짙은 갈색

바늘 대바늘 4호(3.3mm), 코바늘2/0호
뜨개바탕 33코×41단
게이지 28코×38단/10cm×10cm

난이도 ★☆☆

※ 코바늘 구슬뜨기는 123페이지 참조

◯ = 바탕색
긴뜨기 2코 구슬뜨기
코바늘2/0호

스트레이트 스티치

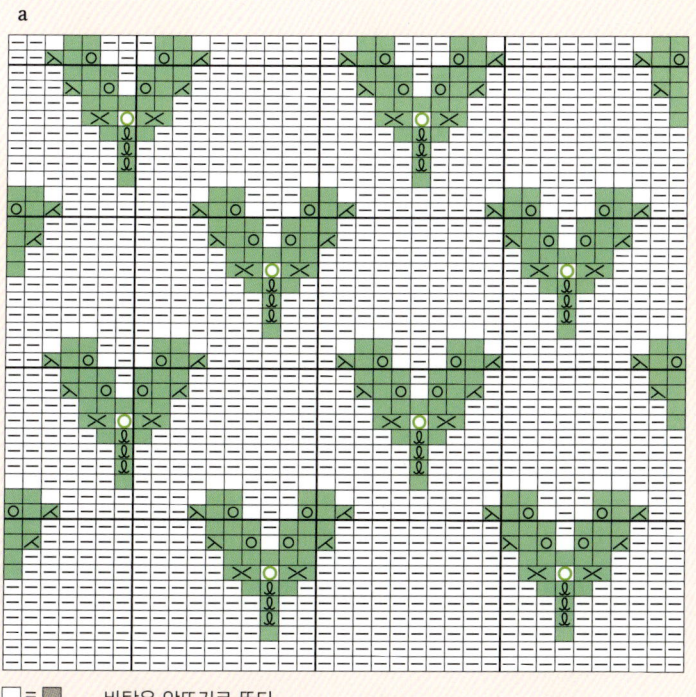

겨우살이

a
실
[제이미슨스] 스핀드리프트
■#119 무스킷/쇼밋 ■#769 버드나무
■#780 라임

바늘 대바늘 4호(3.3mm), 코바늘3/0호
뜨개 바탕 37코×42단
게이지 28코×34단/10cm×10cm

b
실
[퍼피] 브리티시 파인
□#001 흰색 ■#091 피스타치오 ■#055 녹색
[퍼피] 키드모헤어파인 □#2 흰색

바늘 대바늘 4호(3.3mm), 코바늘 3/0호
뜨개 바탕 37코×42단
게이지 26코×34단/10cm×10cm

※ 바탕색은 브리티시파인 #001과
  키드모헤어 파인을 함께 잡아 2겹으로 뜬다.

난이도 ★★☆

※ 대바늘로 구슬뜨기는 122페이지 참조
※ 배색무늬 실 분량
  : 겨우살이는 100cm, 구슬뜨기는 45cm로 잘라 둔다.

□ = ■ 바탕은 안뜨기로 뜬다.
색이 바뀔 때에는 바탕도 겉뜨기로 뜬다.

대바늘 1단 구슬뜨기
코바늘로 빼뜨기
사슬뜨기 1코
오른코 위 3코 모아뜨기
늘린 코에 빼뜨기
= 3코로 늘리기

12페이지의 버터컵 패턴 2장으로 카디건을 만들었습니다. 앞 몸판은 좌우 한 장씩, 뒤 몸판은 한 장, 소매에는 좌우 한 장씩 직사각형만으로 만들어 이었습니다. 배색무늬로 꽉 들어찼으므로 카디건의 형태는 심플하게 만들어 아이디어로 승부를 보았습니다.

how to make…P.130

가볍게 걸치는 것만으로도 따뜻하고, 부드러운 색이 차분한 분위기를 가진 디자인의 숄. 32페이지의 카디건과 같이 직사각형을 잇대어 붙이는 형태로 소매가 없는 타입입니다. 패턴을 변경하고 소매를 없애는 것만으로도 인상이 매우 달라집니다.

how to make…P.133

니트의 형태

이 책에서는 패턴을 즐겁게 뜨기 위해 고안한 여러가지 아이디어가 있습니다. 니트의 형태도 그 중 하나. 스웨터의 코늘림, 코줄임 등은 되도록이면 사용하지 않고 똑바로 떠서 잇대어 합치면 무늬를 신경쓰지 않고 순탄하게 떠나갈 수 있습니다. 배색 무늬의 귀여움도 충분히 즐길 수 있습니다.

직사각형을 맞대어 합치는 것만으로 완성되는 숄과 카디건입니다. 숄은 3개, 카디건은 5개의 직사각형을 이었습니다. 앞 몸판을 뒤 중심에서 맞대어 옷깃도 겸하는 디자인입니다.

직사각형 2개를 잇대어 합쳐 만드는 마가렛 볼레로. 뒤 중심에서 2장을 이어 붙이고 양쪽 소매는 각각 소매옆선을 꿰맵니다. 마지막으로 칼라와 소맷부리를 뜨면 완성입니다.

후드가 달린 은방울꽃 숄은 대작이라 시간이 걸리지만, 이것도 기본은 직사각형부터 만듭니다. 긴 직사각형으로 양쪽을 뜨고, 머리의 모서리 부분에서 2장을 연결하여 함께 떠갑니다. 머리 부분에는 코줄임과 늘림이 있지만 형태가 심플하기 때문에 헷갈리지 않고 뜰 수 있습니다.

풍선같은 독특한 형태입니다. 직사각형을 뜨는 단계에서 목둘레만 좌우로 나누어서 뜨는 것만으로 만들 수 있습니다. 마지막으로 한쪽의 소맷부리와 칼라의 코를 주워 각각 뜨면 완성입니다.

예쁜 스와치를 작품으로 만들고 싶다는 아이디어에서 태어난 패치워크 숄. 가장자리에 배치하는 스와치는 코늘림을 하지만 작은 부분이라 어렵지 않습니다. 좋아하는 스와치를 조합하여 즐길 수 있습니다.

겨우살이 넥워머는 조금 큼직하게 만들어서 브로치로 여며 색다른 표정을 만듭니다. 크면 큰대로 늘여뜨려도 예쁘고, 사진에서처럼 칼라 모양으로 여며도 멋집니다. 여러가지 모양으로 즐겨 봅시다.

how to make…P.136

Column 1 ▶ 쉽게 뜨는 방법

이 책 속 패턴은 여러가지 색의 실로 배색한 것이 많아서 좀 어렵게 느껴질지도 모릅니다.
하지만 실제로는 쉽게 뜰 수 있는 요령도 많습니다. 쉽게 뜰 수 있는 방법을 소개합니다.

1. 자수실로 색 수를 늘린다

52페이지의 모티브 2개를 예로 설명하겠습니다. 팬지의 화심*이나 잎, 가느다란 줄기 부분은 자수를 놓아 표현합니다. 잎에는 아우트라인 스티치로 수놓아 잎 주위의 뜨개코의 V자 모양을 가립니다. 체인 스티치로 가는 줄기를 수놓아 자연스러운 커브를 표현할 수 있습니다.

데이지는 메리야스뜨기로 잎을 떠 넣고 단춧구멍처럼 구멍을 뚫어 가며 뜨개 바탕을 뜬 후 (이 뜨개 바탕은 놀라울 정도로 심플합니다) 구멍의 안면에 노란색 펠트를 꿰매어 붙여, 2가지 색의 뜨개실로 블랭킷 스티치를 하였습니다. (27페이지 참조) 매우 간단한 뜨개임에도 완성작은 '와, 어떻게 이렇게 된 거야?'라고 놀랄 정도로 마무리됩니다.

자수를 놓으면 다양한 색을 쓸 수도 있고 수예적 요소가 더해져 쉬운 방법으로도 공들인 느낌으로 완성됩니다.

* 화심花芯: 꽃의 한가운데 꽃술이 있는 부분.

잎에 아우트라인 스티치, 줄기에 체인 스티치, 꽃은 스트레이트 스티치와 프렌치 노트 스티치

꽃잎을 블랭킷 스티치.

2. 배색 실 건너는 방법

무늬를 생각할 때에 중요한 것은 배색실이 안면에서 건너는 방법. 간단히 세로 배색이 가능할까 가로 배색의 경우에는 몇코가 한계일까 등 모두 나중의 실 정리와 관계가 있습니다. 실 정리를 적게 하는 것이 뜨개 바탕을 얇고 아름답게 마무리 할 수 있지만 가로로 건너는 실이 길어지면 입을 때에 걸려서 뜨개 바탕이 당겨지는 원인이 됩니다.

52페이지의 팬지를 예로 들어보겠습니다. 뜨개 바탕에 떠넣은 1코 배색 무늬 사이의 단수가 홀수단이라면 어떨까요. 매번 실을 잘라야 할 것입니다. 매번 자르지 않도록 하기 위해 사이의 단수를 짝수단으로 할 필요가 있습니다.

세로로 실을 들어 올리는(건너는) 배색 무늬라면 사이의 단수는 홀수로 하는 것이 좋고, 가로로 실을 건너는 무늬라면 실이 건너는 간격이 5cm 정도까지가 좋을 것입니다.

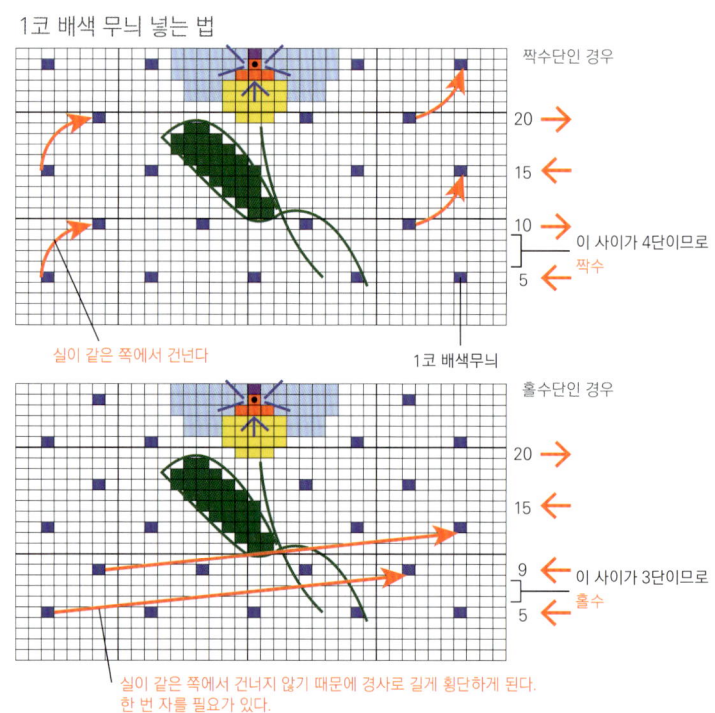

3. 실을 잘라 둔다

미리 시험뜨기를 해 보고 하나의 무늬에 넣을 실의 필요한 길이를 측정하여 실을 잘라 둡니다. 정리할 실이 많아지지만 실이 가로로 건너지 않고 뜨기도 쉽습니다.

예를 들어 51페이지의 장미 꽃봉오리의 패턴은 꽃봉오리의 실을 45cm로, 잎과 줄기의 부분의 실을 200cm로 무늬 수 만큼 준비합니다. 준비하는 것이 조금 번거롭지만 뜰 때에는 실을 필요한 길이만큼 잘라두었기 때문에 엉키지 않아 뜨기 쉽고, 뜨개 바탕이 당겨지는 경우도 없습니다. 66·68페이지의 체리, 76페이지의 포도 등, 많은 뜨개 바탕을 이 방법으로 뜨고 있습니다.

안면을 보면 실이 다음 장미로 연결되지 않는 것을 알 수 있습니다. 꽃 부분은 메리야스뜨기, 주위는 멍석뜨기인데 실이 건너가며 뜨개 바탕이 두꺼워지는 것을 방지합니다.

4. 콧수링을 사용한다

반복되는 무늬를 틀리지 않고 뜨기 위해 필요한 것이 콧수링입니다. 대바늘에 '1무늬 ○코'마다 작은 표시를 끼워 두는 것만으로 뜨개가 쉬워집니다. 특히 비침 무늬를 뜰 때에 효력을 발휘합니다. 104페이지의 호랑가시나무잎과 비침 무늬 나뭇잎, 108페이지의 은방울꽃에는 콧수링이 필요합니다.

그외 반복되는 배색 무늬로 된 62페이지의 엉겅퀴 무늬 볼레로나 바탕 무늬가 1코의 멍석뜨기로 되어 있어 틀리기 쉬운 50페이지의 장미 꽃봉오리의 패턴을 뜰 때에도 매우 편리합니다.

엉겅퀴 무늬마다 콧수링을 끼운다.

5. 우선 코스터부터

자, 그렇다면 무엇부터 시작하면 좋을까요. 술술 뜰 수 있는 분도 의류를 뜨기 전에는 게이지를 뜨는 것을 추천합니다. 조금 수고스럽지만 뜨개 바탕의 단단함, 유연함 등도 짐작하게 되므로 중요합니다.

초급자는 코스터부터 시작해 봅시다. 각 패턴의 기호도안을 보면 사방 10cm에 몇 코 몇 단이 들어가는지 쓰여 있습니다. 코스터 만드는 법(156페이지)을 참고하여 자신이 선택한 패턴의 콧수·단수를 내 봅시다. 무늬가 딱 들어맞지 않아도 괜찮습니다. 상하좌우의 무늬를 도려내거나 늘려서 조절하면 좋습니다. '우선은 떠 봅시다'.

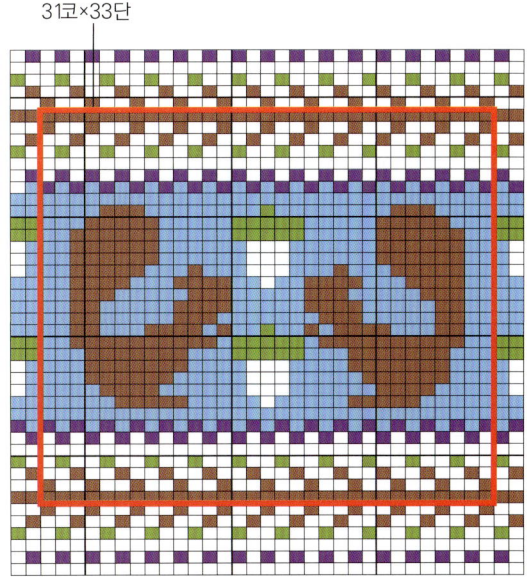

31코×33단

118페이지의 코스터에는 위아래의 무늬와 다람쥐를 1마리만 잘라내어 배치했지만 스와치대로 다람쥐를 2마리 넣는 것도 가능합니다. 이럴 때엔 가운데에 도토리를 넣고 좌우를 대칭으로 하기 위해 31코로 만들어도 좋을 것입니다.

큰 꽃

작은 꽃에 비해 크고 확실하게 꽃 전체를 그린 디자인입니다.
한 송이에서 여러 송이까지, 강렬한 인상을 남깁니다.

a

b

큰 장미

실

[제미슨스] 스핀드리프트

- #655 차이나 블루
- #550 로즈
- #788 리프
- #580 체리
- #570 소르베
- #772 버디그리스
- #585 플럼
- #390 수선화

바늘	대바늘 5호(3.6mm)
뜨개 바탕	36코×38단
게이지	26코×32단/10cm×10cm

난이도 ★★☆

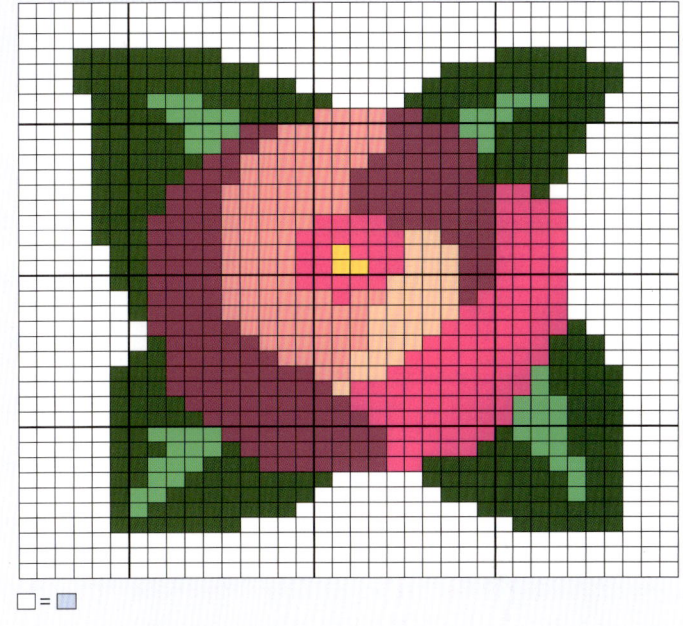

□ = □

a: #999, b: #599
프렌치 노트 스티치(2바퀴 감기)

a: #410, b: #780
불리온 스티치(4바퀴 감기)

a: #390, b: #104로 스트레이트 스티치

□ = □

팬지&비침무늬 테두리

실

a

[제미슨스] 스핀드리프트

- #720 이슬
- #616 아네모네
- #599 조디악
- #390 수선화
- #410 옥수수밭
- #999 블랙

b

[제미슨스] 스핀드리프트

- #788 리프
- #616 아네모네
- #599 조디악
- #390 수선화
- #104 내추럴 화이트
- #780 라임

공통

바늘	대바늘 4호(3.3mm)
뜨개 바탕	33코×40단
게이지	26코×32단/10cm×10cm

난이도 ★★☆

a

b

메리야스 스티치
아우트라인스티치

물망초 꽃다발

실
[제이미슨스] 스핀드리프트
- ■ #999 블랙
- ■ #655 차이나 블루
- ■ #815 아이비
- ■ #665 블루벨
- ■ #800 타탄
- ■ #390 수선화
- ■ #616 아네모네

바늘 대바늘 5호(3.6mm)
뜨개 바탕 34코×41단
게이지 28코×30단/10cm×10cm

난이도 ★★☆

리본

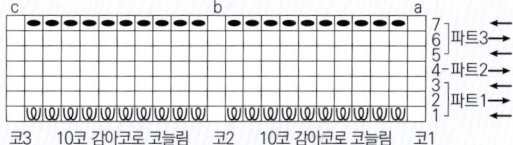

- 첫 번째 코(코1)를 뜨고 감아코로 10코를 늘린다.
- 두 번째 코(코2)를 뜨개바탕에서 주워 뜨고 다시 감아코로 10코를 만든다.
- 세 번째 코(코3)를 뜨개바탕에서 주워 뜬다. 코1~코3의 2단 (리본 부분은 6단)을 뜨고 a, b, c 사이의 실을 힘주어 당겨 원으로 접는다.
- 파트3의 3단(실제로는 7단)은 a,b,c를 뜨개바탕과 같은 색으로 뜨고 덮어씌우기하며 a, b, c 사이의 10코는 리본 실로 뜬다.
- 자세한 뜨는 법은 44페이지 참조.

레드커런트

메리야스 스티치 또는 크로스스티치

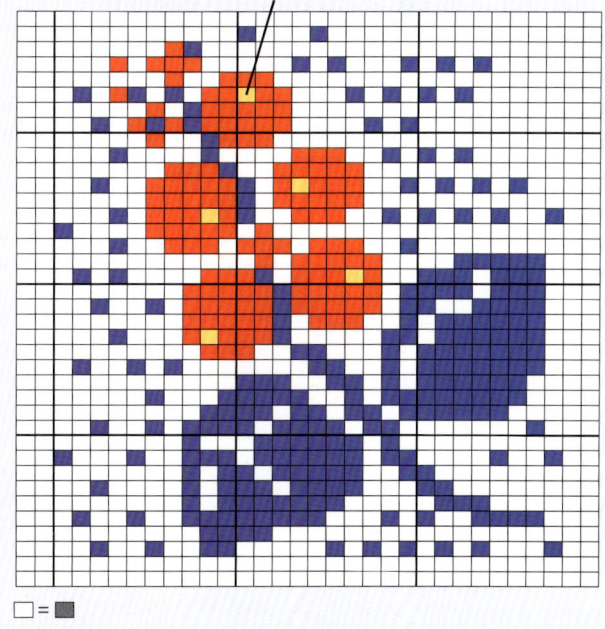

a
실
[퍼피] 브리티시 파인
- ■ #009 그레이
- ■ #066 노랑
- ■ #007 군청색
- ■ #006 빨강

바늘 대바늘 4호(3.3mm)
뜨개 바탕 32코×38단
게이지 28코×32단/10cm×10cm

b
실
[퍼피] 셰틀랜드
- ■ #31 그레이
- ■ #54 노랑
- ■ #53 군청색
- ■ #29 빨강

바늘 대바늘 6호(3.9mm)
뜨개바탕 32코×38단
게이지 23코×27단/10cm×10cm

난이도 ★☆☆

Lesson 3 · 리본 뜨는 법

리본을 입체적으로 뜨는 방법입니다. 도안의 a·b·c 3코는 뜨개 바탕에서 주워 뜨며 리본 부분은 코를 새로 만들어 뜹니다. a·b·c 사이에서 3단(파트1, 파트3)을 뜨는 것에 주의해주세요. 기호 도안은 43페이지 참조.

1 리본의 맨 처음 1코를 뜹니다. 이것이 도안의 코1 a가 됩니다.

2 바늘에 실을 걸어 감아코로 콧수를 늘립니다.

3 감아코로 10코를 만들었습니다. 바늘에 10코가 걸려 있습니다.

4 뜨개 바탕에서 1코를 뜹니다. 이것이 코2 b가 됩니다.

5 다시 10코를 감아코로 늘립니다. 코2 b의 양쪽에 감아코로 10코씩 늘어났습니다.

6 뜨개 바탕에서 1코 뜹니다. 이 곳이 코3 c가 됩니다.

7 뒤집어서 안뜨기 합니다. 리본 부분을 평면으로 뜹니다.

8 코1 a까지 파트1의 2단까지 뜬 것입니다.

9 다음 단을 뜰 때에는 반드시 바탕색 실과 리본의 실을 교차시켜 둡니다. 이렇게 하지 않으면 리본과 뜨개 바탕 사이에 틈이 생겨 버립니다.

10 리본의 3번째 단을 겉뜨기로 뜹니다. 이 단은 리본의 파트1의 마지막 단이 됩니다. 뜨개 바탕의 끝까지 뜹니다. 리본 부분을 다 뜨면 실을 꼭 잡아당겨 둡니다. 리본 부분 안면에 바탕색인 하늘색 실이 건너갑니다.

11 파트2(리본의 4번째 단)를 뜨개 바탕의 끝에서 안뜨기로 뜹니다. 리본 부분만을 왕복뜨기하지 않고 뜨개 바탕의 마지막까지 뜹니다.

12 파트3(리본의 5번째 단)을 뜹니다. 뜨개 바탕의 끝에서부터 뜨면서 리본 부분에서는 리본의 실로 바꿔서 뜹니다. 뜨개 바탕의 코3 c도 1코 뜹니다.

13 뜨개 바탕을 안면이 보이도록 뒤집어 리본 부분을 안뜨기로 뜹니다(평면뜨기). 파트3의 2단(리본의 6단째)을 떴습니다.

14 리본 부분을 코1 a까지 떴습니다. 다음 단을 뜰 때에 바탕색 실과 리본의 실을 교차시키는 것을 잊지 맙시다.

15 겉면이 보이도록 뒤집어서 파트3의 3번째 단(리본의 7번째 단)을 뜹니다. 이것이 리본의 맨 마지막 단이 되므로 덮어씌우기 코막음 하겠습니다. 우선 첫 코를 바탕색 실로 뜹니다.

16 리본 실로 바꿔서 2코 뜹니다. 앞의 1코를 두 번째 코에 덮어 씌워 코막음합니다.

17 이를 반복하여 9코를 코막음하고 10번째 코가 걸려있는 상태입니다.

18 다음 코는 코2 b가 되므로 바탕색 실로 뜹니다. 리본 실로 덮어씌우기 코막음합니다.

19 리본 부분을 접으며 바탕색실을 꼭 당깁니다.

20 같은 요령으로 리본 실로 덮어씌우고 마지막의 코3 c는 바탕색 실로 떠서 리본 실로 덮어씌웁니다.

21 19와 같은 요령으로 바탕색 실을 꼭 당기며 리본 부분을 접습니다.

22 그대로 계속하여 바탕색 실로 끝까지 뜹니다. 이로서 입체의 리본이 완성되었습니다. 안면에서 건너는 실은 리본의 안쪽에 넣으므로 보이지 않게 됩니다.

엉겅퀴

실
[제이미슨스] 스핀드리프트
■#929 아쿠아　■#1300 오브리에타　■#616 아네모네
■#259 레프러콘　■#815 아이비

바늘　　　대바늘 4호(3.3mm)
뜨개 바탕　33코×41단
게이지　　25코×32단/10cm×10cm

난이도　★★☆

※ 배색 무늬 실 분량:
　꽃 #1300은 90cm, 꽃 #616은 50cm, 총포* #259는 60cm,
　잎 #815는 240cm로 실을 잘라 둔다.

* 총포總苞: 꽃대의 끝에서 꽃의 밑동을 싸고 있는 비늘 모양의 조각. 잎이 변형된 것

민들레

실
[퍼피] 브리티시 파인
■#092 청록색　■#055 녹색　■#037 갈색　■#066 노랑

바늘　　　대바늘 4호(3.3mm)
뜨개 바탕　33코×41단
게이지　　28코×32단/10cm×10cm

난이도　★★☆

스트레이트 스티치

프렌치 노트 스티치
(1바퀴 감기)

꽃 부분은 뜨개 바탕 위에 수를 놓는다

눈물꽃

실

[제이미슨스] 스핀드리프트

- #655 차이나 블루
- #304 화이트
- #788 리프
- #785 애플

기타 비즈 MIYUKI원형(丸大) 8/0 #1

바늘 대바늘 4호(3.3mm)

뜨개 바탕 34코×42단

게이지 25코×32단/10cm×10cm

난이도 ★☆☆

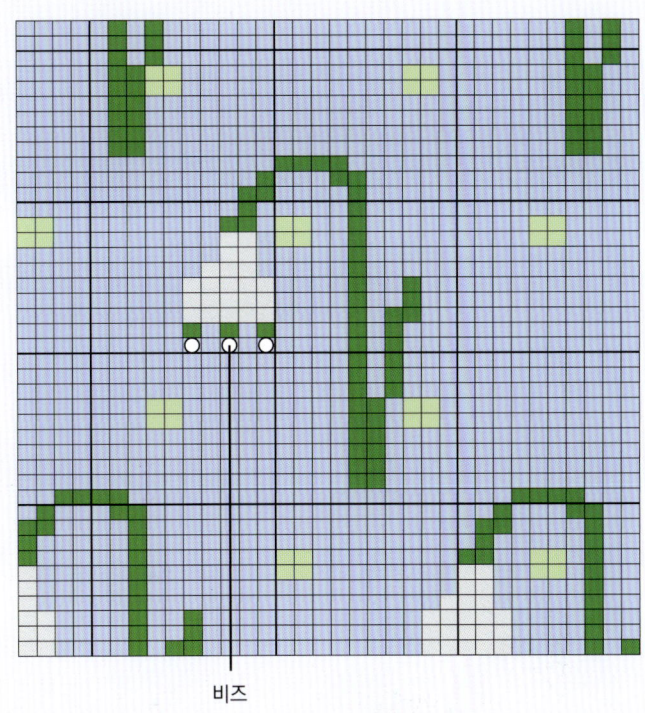

● 비즈

Point
1코로 된 가는 줄기를 뜰 때에는 줄기의 다음 코를 뜨고 줄기 색의 실을 당겨서 실이 늘어지지 않도록 하면 예쁘게 떠집니다.

양귀비

실

[제이미슨스] 스핀드리프트

- #517 만티야
- #540 코랄
- #271 불꽃
- #259 레프러콘
- #599 조디악
- #999 블랙
- #805 가문비나무

바늘 대바늘 4호(3.3mm)

뜨개 바탕 34코×44단

게이지 28코×38단/10cm×10cm

난이도 ★★☆

※ 배색 무늬 실 분량: 큰 꽃의 배색무늬는 만드는 작품의 가로로 들어가는 꽃의 개수 만큼 실을 감아서 준비한다.

□ = ■ 프렌치 노트 스티치(2바퀴 감기)
#999로 뜬 위에 자수

덩굴장미

실

[제이미슨스] 스핀드리프트

■#315 왜가리 ■#259 레프러콘 □#390 수선화

■#585 플럼 ■#188 셔벗 ■#580 체리

바늘 대바늘 4호(3.3mm)

뜨개 바탕 34코×42단

게이지 26코×30단/10cm×10cm

난이도 ★★☆

※ 배색 무늬 실 분량: 화심 #390은 35cm, 꽃 #585는 30cm,
   꽃 #188은 45cm, 꽃 #580은 25cm로 실을 잘라 둔다.

□ = ■

장미 꽃봉오리

실

a

[퍼피] 챠스카 □#10 흰색

[퍼피] 알바 ■#5139 빨강 ■#1185 녹색

■#1170 핑크

b

[제이미슨스] 스핀드리프트

■#580 체리 ■#259 레프러콘

■#540 코랄 □#390 수선화

공통

바늘 대바늘 4호(3.3mm)

뜨개 바탕 40코×48단

게이지 26코×40단/10cm×10cm

난이도 ★★★

※ 배색 무늬 실 분량: 꽃봉오리는 45cm,
   잎과 줄기는 200cm로 실을 잘라 둔다.

팬지와 1코 무늬

실
[제이미슨스] 스핀드리프트
- #105 연베이지 #629 루핀 #788 리프
- #400 미모사 #470 호박
- #599 조디악 #655 차이나 블루
- #999 블랙

바늘 대바늘 4호(3.3㎜)
뜨개 바탕 38코×40단
게이지 26코×32단/10㎝×10㎝

난이도 ★☆☆

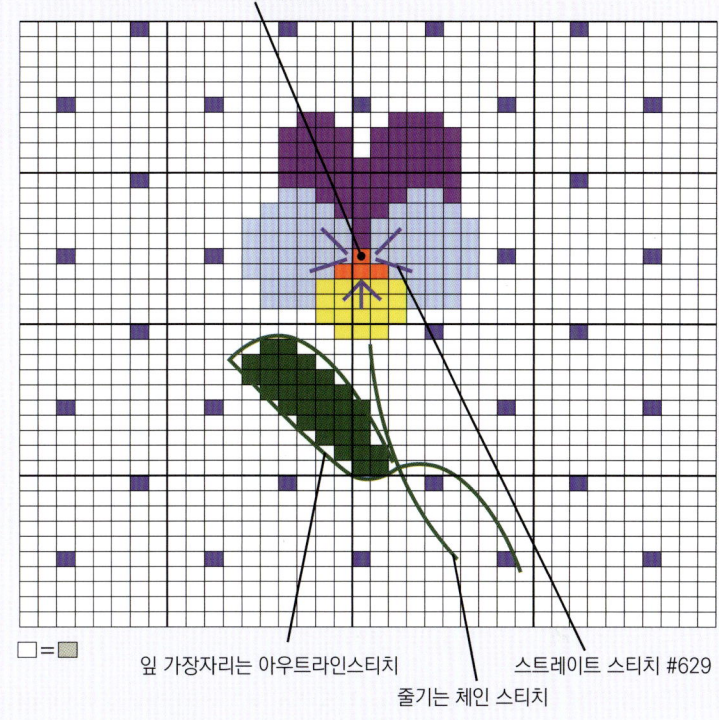

프렌치 노트 스티치(2바퀴 감기) #999
잎 가장자리는 아웃라인스티치
줄기는 체인 스티치
스트레이트 스티치 #629

큰 데이지

실
[제이미슨스] 스핀드리프트
- #105 연베이지 #525 진홍색 #788 리프
- #304 화이트

기타 펠트 진노랑색 (선세탁한 것)
바늘 대바늘 4호(3.3㎜)
뜨개 바탕 34코×40단
게이지 26코×32단/10㎝×10㎝

난이도 ★☆☆

※ 데이지꽃 뜨는 법은 27페이지 참조

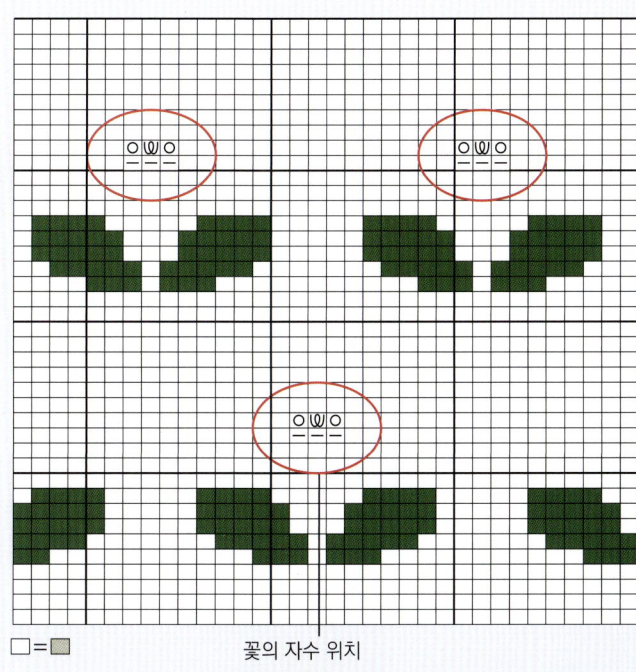

꽃의 자수 위치

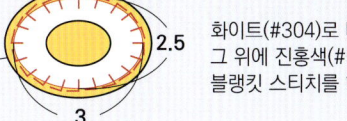

안면에 펠트를 겹친다

화이트(#304)로 바깥쪽에 블랭킷 스티치를 하고 그 위에 진홍색(#525)으로 간격을 두어 짧게 블랭킷 스티치를 한다.

도깨비부채

실

[퍼피] 브리티시 파인

■#034 짙은 녹색　■#092 청록색　■#035 머스터드
□#086 네온 옐로

바늘　대바늘 5호(3.6mm), 코바늘 2/0호
뜨개 바탕　35코×40단
게이지　28코×32단/10cm×10cm
난이도　★★☆

※ 코바늘 구슬뜨기는 123페이지 참조

◨ = 긴뜨기 2코 구슬뜨기
코바늘 2/0호

□=■　크로스 스티치 #086

핑크 데이지

실

[제이미슨스] 스핀드리프트

■#122 화강암　■#188 셔벗　■#815 아이비
■#271 불꽃

바늘　대바늘 4호(3.3mm)
뜨개 바탕　35코×40단
게이지　28코×32단/10cm×10cm
난이도　★☆☆

※ 배색 무늬 실 분량: 꽃은 90cm, 잎과 줄기는 70cm, 화심은 20cm로 실을 잘라 둔다.

□=■　노란색 2종류를 겹쳐서 크로스 스티치

전나무

실

[퍼피] 셰틀랜드　■#9 블루 그레이　■#14 녹색
[퍼피] 브리티시 파인　■#066 노랑　□#086 네온 옐로

바늘　대바늘 5호(3.6mm)
뜨개 바탕　34코×40단
게이지　26코×28단/10cm×10cm
난이도　★☆☆

□=■

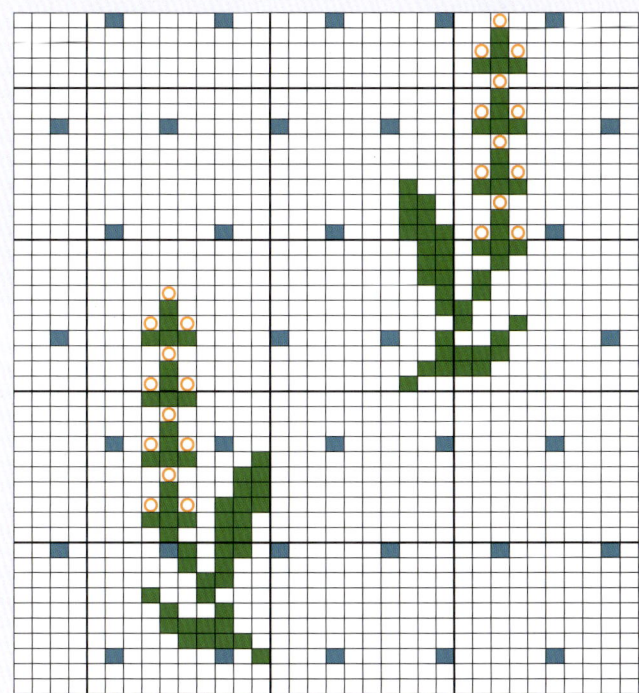

미모사

실

[퍼피] 브리티시 파인

□#001 흰색　□#066 노랑　■#092 청록색　■#055 녹색

바늘　대바늘 4호(3.3㎜), 코바늘2/0호

뜨개 바탕　34코×45단

게이지　26코×34단/10cm×10cm

난이도　★☆☆

※ 코바늘 구슬뜨기는 123페이지 참조

◎ = 긴뜨기 2코 구슬뜨기
코바늘2/0호

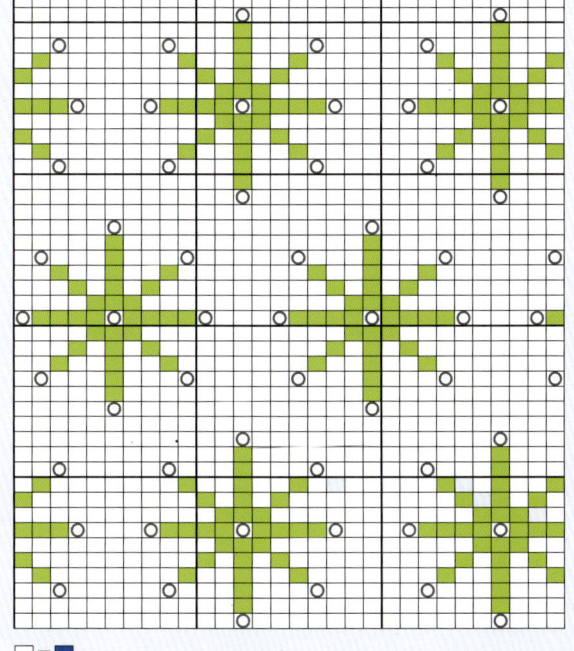

사파이어베리

실

[퍼피] 브리티시 파인

■#040 베이지　■#037 갈색　■#007 군청색

바늘　대바늘 4호(3.3㎜), 코바늘2/0호

뜨개 바탕　34코×43단

게이지　28코×36단/10cm×10cm

난이도　★☆☆

※ 코바늘 구슬뜨기는 123페이지 참조

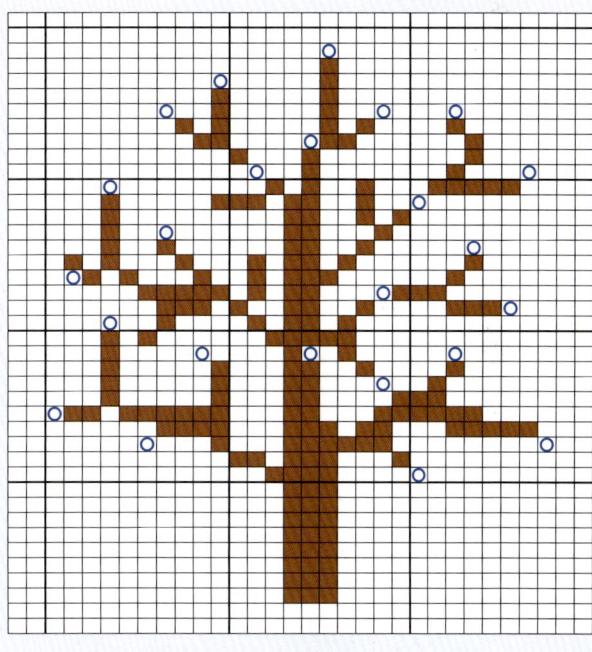

◎ = 긴뜨기 2코 구슬뜨기
코바늘2/0호

□ = ■

회향(펜넬)

실

[제이미슨스] 스핀드리프트

■#684 코발트　■#780 라임　□#304 화이트

바늘　대바늘 5호(3.6㎜), 코바늘2/0호

뜨개 바탕　35코×42단

게이지　28코×32단/10cm×10cm

난이도　★★☆

※코바늘 구슬뜨기는 123페이지 참조

◎ = 긴뜨기 2코 구슬뜨기
코바늘2/0호

□ = ■

a

b

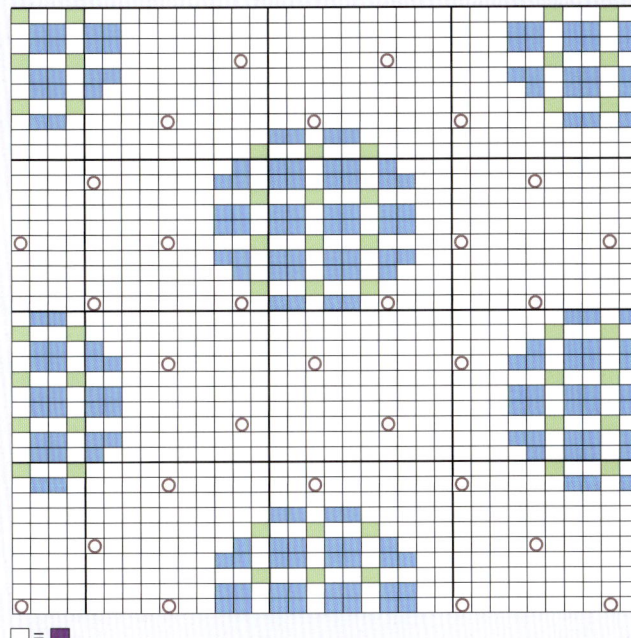

수국

실

[제이미슨스] 스핀드리프트

■#599 조디악　■#660 라군　■#785 애플

■#617 라벤다

바늘　　　대바늘 5호(3.6㎜), 코바늘2/0호

뜨개 바탕　34코×40단

게이지　　24코×30단/10cm×10cm

난이도　★★☆

※ 코바늘 구슬뜨기는 123페이지 참조

◯ = 긴뜨기 2코 구슬뜨기
코바늘2/0호

□ = ■

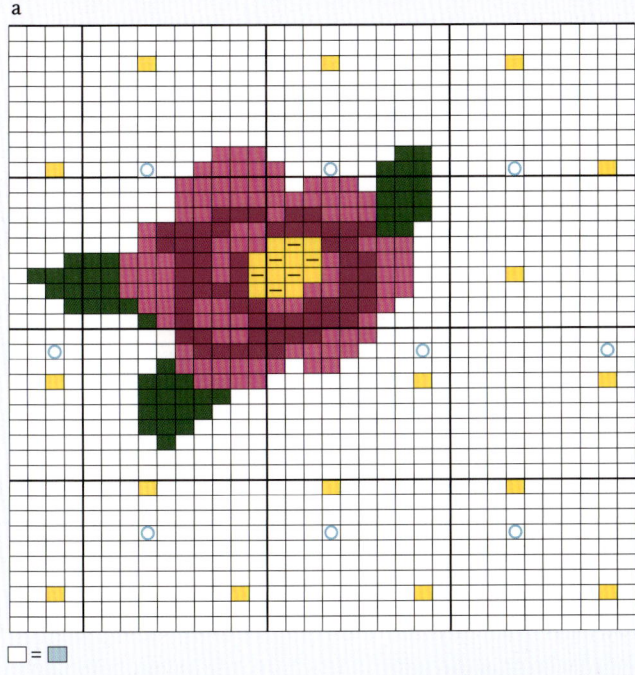

a

장미와 구슬뜨기

실

a

[제이미슨스] 스핀드리프트

■#929 아쿠아　■#517 만티야　■#575 립스틱

■#788 리프　■#390 수선화

바늘　　　대바늘 4호(3.3㎜), 코바늘3/0호

뜨개 바탕　34코×40단

게이지　　26코×34단/10cm×10cm

b

[퍼피] 브리티시 파인

■#008 검정　■#066 노랑　■#006 빨강　■#013 짙은 빨강

■#055 녹색　■#080 연두

바늘　　　대바늘 4호(3.3㎜), 코바늘3/0호

뜨개 바탕　34코×40단

게이지　　28코×38단/10cm×10cm

난이도　★★☆

※ 코바늘 구슬뜨기는 123페이지 참조

※ 배색 무늬 실 분량: 꽃 #517은 110cm, 꽃 #575는 180cm,
　잎 #788은100cm, 화심 #390은 45cm로 실을 잘라 둔다.

□ = ■

◯ = 긴뜨기 2코 구슬뜨기
코바늘3/0호

라트비아의 꽃

실

[퍼피] 브리티시 파인

■#009 그레이　■#007 군청색　■#006 빨강　□#001 흰색

바늘　대바늘 5호(3.6mm)

뜨개 바탕　33코×37단

게이지　28코×30단/10cm×10cm

난이도　★★☆

크로스스티치

대각선 꽃

실

[로완] 펠티드 트위드

■#195 그레이　#200 핑크

바늘　대바늘 5호(3.6mm)

뜨개 바탕　35코×44단

게이지　25코×36단/10cm×10cm

난이도　★★☆

Point
이 페이지의 작품처럼 상하좌우로 대칭되는 패턴은 원통뜨기로 겉면만을 보며 뜨면 뜨기 쉬워집니다.

□ = ■

슥 걸칠 수 있는 엉컹퀴 무늬 볼레로입니다. 커다란 엉겅퀴 무늬를 활용하여 폭을 충분히 잡아서 등을 확실히 커버하면서 정면에서는 말끔하게 소매와 컬러만 보이게 되는 형태입니다. 폭이 충분한 만큼 소매도 둥실하게 주름이 잡혀 귀엽게 마무리 되었습니다.

how to make…P.138

Column 2 > 실 선택과 이미지

실을 고르는 것은 큰 즐거움이기도 하고 제일 망설여지는 일일지도 모릅니다. 이 책과 같이 자연의 꽃을 이미지화하여 실을 고른다면 우선 생각할 것은 자연 그대로의 색으로? 아니면 상상으로 생각한 자신만의 색으로? 색의 수는? 사용하고 싶은 색이 실제로 뜨개실로 판매되고 있는가? 등입니다.

우선 머릿속에서 이미지를 그리고, 그것을 종이 위에 색연필 등으로 칠해 보고 뜨개실로 바꿔 놓아 봅시다. '이미지를 그린다'라는 게 어려워 보일지도 모릅니다. 이 책의 패턴을 떠보고 싶다고 생각하면 우선 할 일은 산책을 나가 자연의 색을 보는 것입니다. 바람이 불면 '아, 그 때는 신록이 아름답고 상쾌한 바람이 불었지'라고 기억에 남아, 녹색이나 파랑에 하얀색이나 노란색을 더한 이미지가 솟아오를지도 모릅니다. 모든 것은 느끼는 것부터!

그리고 초심자는 우선 색 수가 작은 것을, 틀려도 풀어내기 쉬운 스트레이트얀으로 떠 봅시다. 그리고 다음은 색 수를 늘리거나 입체적인 뜨개 방법도 넣어 보고, 모헤어에도 도전해봅시다.

뜰 패턴을 정하면 방안지에 패턴을 베껴서 색을 칠해 봅니다. 뜨개에 앞서 자신의 손을 움직이며 '빨강이 2코, 흰색이 3코'라고 되뇌이며 색을 칠하면 패턴이 머릿속에 기억되어 놀라울 정도로 뜨개가 쉬워집니다. 이것도 제가 중요하게 생각하는 포인트입니다. 꼭 시험해보시길!

1. 색과 실을 바꿔 보기

아래 은방울꽃 뜨개 바탕 5개를 비교해 봅시다. 한 가지 색으로 뜬 하늘색 뜨개 바탕은 입체감이 도드라지게 느껴집니다. 옅은 연두색, 녹색, 감색 3개는 꽃 부분을 흰색으로 떴는데 바탕색이 바뀌면 인상이 달라집니다. 자연을 느끼는 초록, 부드러운 분위기의 옅은 연두색, 야무진 느낌의 감색. 그리고 은방울꽃의 뜨개 바탕에 꽃의 색을 좋아하는 색으로 바꿔 본 그레이 바탕의 검은 은방울꽃도 시크하고 세련된 느낌입니다. 뜨고 싶은 도안을 복사하여 색연필로 칠해 봅시다. 머릿속에 생각하고 있던 것보다도 알기 쉽고 이미지를 잡는 것이 가능합니다.

115페이지의 숄은 흰색 모헤어로 떴습니다. 실 자체를 질감이 다른 실로 바꾸는 것으로도 인상이 상당히 바뀝니다.

2. 색이 다른 시험뜨기

엉겅퀴의 패턴을 색을 바꾸어 떠 보았습니다. 흰색은 화려하고 그레이는 시크하고 어른스럽습니다. 감색은 젊은 인상입니다. 이 패턴을 뜬 뜨개실의 원산지인 셰틀랜드섬은 스코틀랜드의 북부 제도의 한 곳으로 국화國花인 엉겅퀴의 색을 중심으로 바탕색을 바꾸는 것으로 인상을 바꿔보았습니다. 이 패턴을 뜨고 있으면 황량한 풍경과 친절한 섬 사람들의 웃는 얼굴이 떠오릅니다.

62페이지의 하늘색 바탕의 볼레로는 제가 지금 입고 싶은 색으로 뜬 것입니다. 색이 다른 뜨개 바탕을 즐겨가며 몇 개의 패턴을 떠 보고 의상으로 만들 색이 결정되면 시험뜨기를 이어 붙여서 가방으로 만들어도 좋겠습니다.

실제 작품에서는 스트라이프 부분을 안뜨기로 하여 색이 섞여드는 느낌을 만들어 보았습니다. 간단한 기법이지만 매우 효과적입니다.

3. 실을 바꾼 시험뜨기

이 2개의 뜨개 바탕은 같은 콧수와 단수로 떠져 있습니다. 그런데 크기가 다른 것을 눈치채셨을 겁니다. 큰 것은 병태사*를 6호 대바늘로, 작은 것은 중세사**를 4호 대바늘로 떴습니다. 당연히 게이지도 달라지고 의상이나 무릎덮개 등 큰 작품을 뜰 때에는 전체 콧수와 단수에 차이가 생깁니다. 뜨개 바탕의 두께나 무게도 바뀌기 때문에 만들고 싶은 작품에 따라 실을 고르면 좋을 것입니다. 가방 등의 소품을 뜰 때에는 조금 단단한 뜨개 바탕으로 의류는 부드러운 뜨개 바탕으로 완성하는 게 좋습니다. 꼭 시험뜨기를 해서 선택한 실의 성질을 확인하는 것도 중요한 포인트입니다.

* 병태사竝太系: 표준 게이지 21코×24단 정도 굵기의 실
** 중세사中細系: 표준 게이지 27코×32단 정도 굵기의 실

과일

구슬뜨기 등의 입체적인 뜨개 기법으로 만들어서 한층 귀여운 패턴입니다.

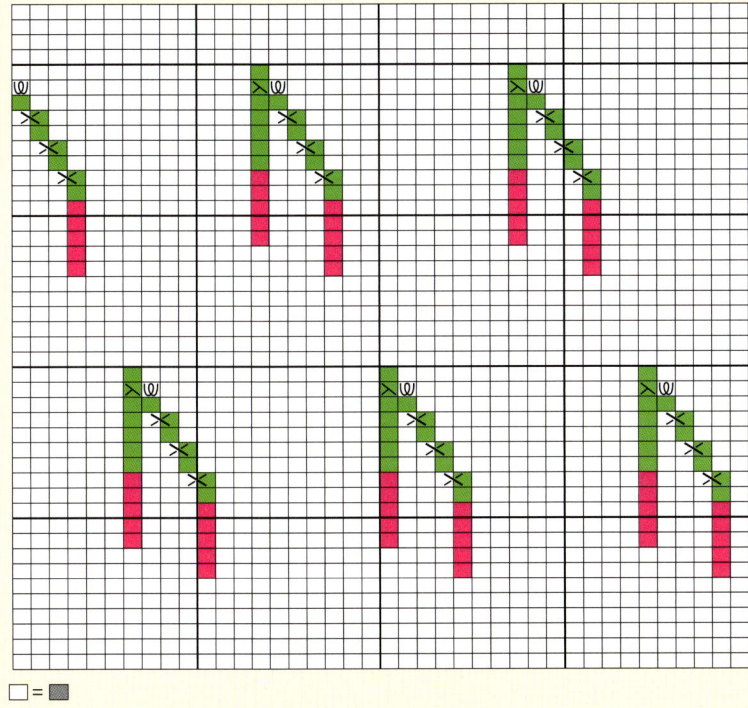

체리 두 알

실

[퍼피] 브리티시 파인
■#009 그레이　■#085 네온 핑크
[퍼피] 셰틀랜드　■#47 연두

바늘　대바늘 4호(3.3mm), 코바늘 3/0호
뜨개 바탕　36코×44단
게이지　28코×36단/10cm×10cm

난이도　★☆☆

※ 배색 무늬 실 분량: 열매는 90cm,
　줄기는 45cm로 실을 잘라 둔다.
※ 체리 뜨는 법은 70페이지 참조

대바늘 5단 구슬뜨기
코바늘로 빼뜨기 ／ 사슬뜨기 1코
오른코 위 5코 모아뜨기
코늘림

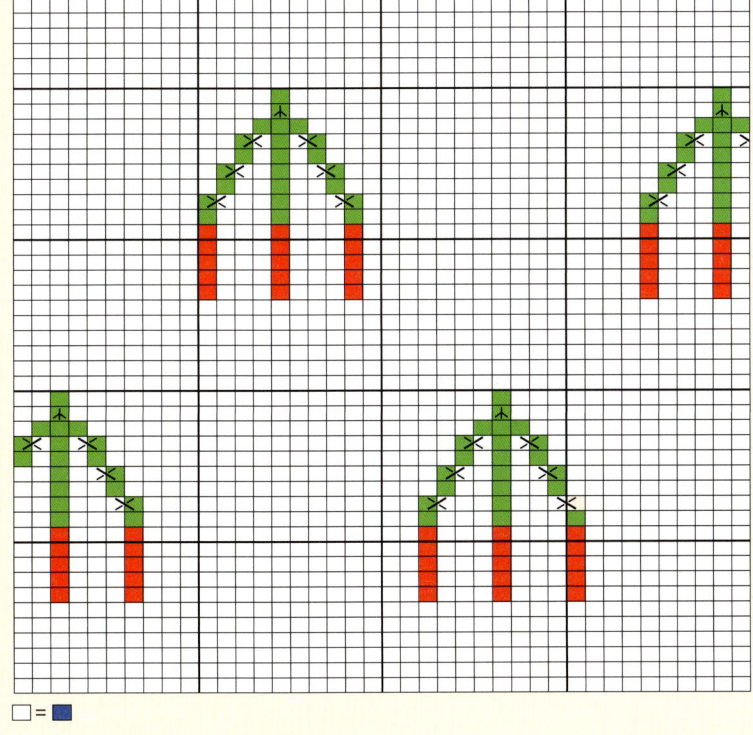

체리 세 알

실

[퍼피] 셰틀랜드
■#17 코발트 블루　■#29 빨강
■#47 연두

바늘　6호(3.9mm), 코바늘 4/0호
뜨개 바탕　27코×40단
게이지　22코×30단/10cm×10cm

난이도　★☆☆

※ 배색 무늬 실 분량: 열매는 150cm,
　줄기는 90cm로 실을 잘라 둔다.
※ 체리 뜨는 법은 70페이지 참조

대바늘 5단 구슬뜨기
코바늘로 빼뜨기 ／ 사슬뜨기 1코
오른코 위 5코 모아뜨기
코늘림

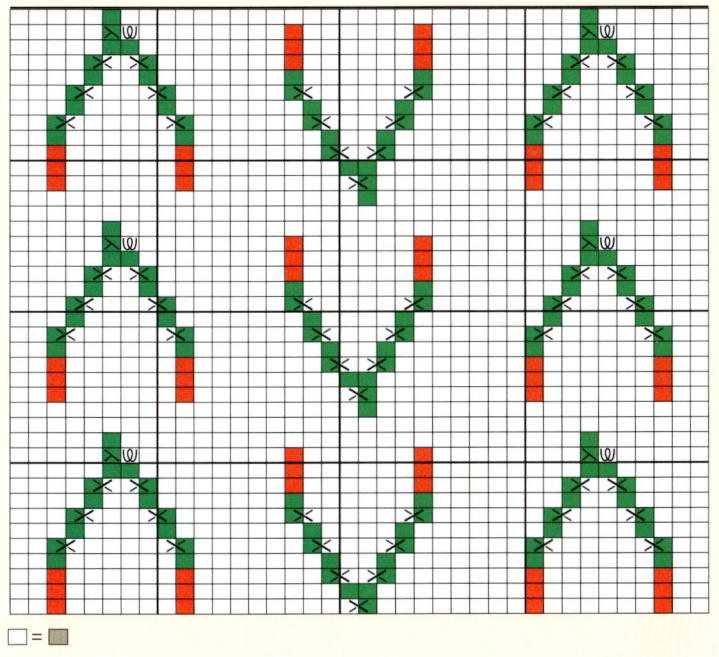

업&다운 체리

실
[퍼피] 알바

■#1087 베이지 ■#5139 빨강 ■#1185 녹색

바늘 대바늘 5호(3.6mm), 코바늘4/0호
뜨개 바탕 38코×40단
게이지 28코×32단/10cm×10cm

난이도 ★★☆

※ 배색 무늬 실 분량: 열매는 120cm, 줄기는 55cm로
 실을 잘라 둔다.
※ 체리 뜨는 법은 71페이지 참조
 구슬뜨기할 때 코바늘로 빼뜨기하는 실의 색은
 업, 다운의 방향에 따라 달라지므로 주의

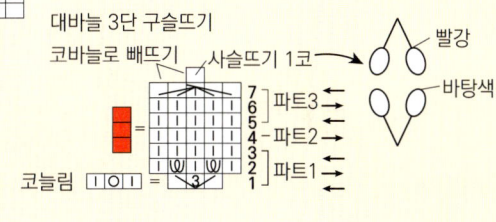

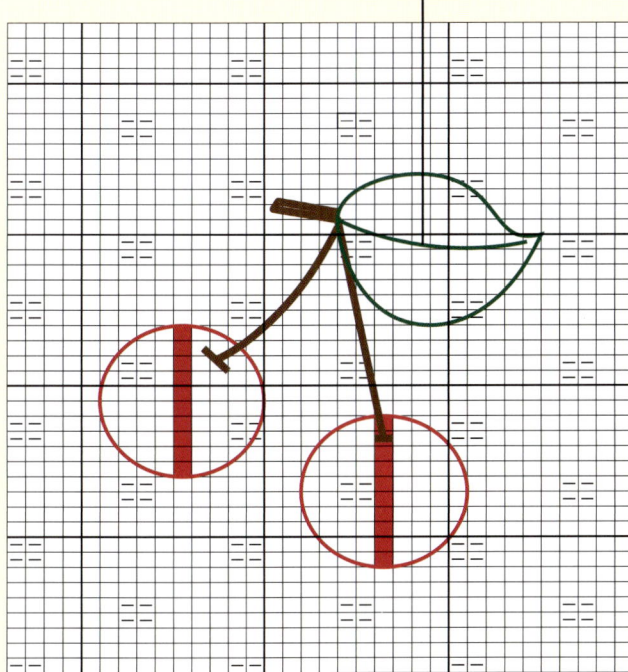

꼭지는 체인 스티치로 수놓는다.
잎은 따로 떠서 가운데에 꿰매 단다

큰 체리

실
[제이미슨스] 스핀드리프트

■#655 차이나 블루 ■#525 진홍색 ■#788 리프
■#879 구리

바늘 대바늘 4호(3.3mm)·2호(2.7mm, 잎), 코바늘3/0호
뜨개 바탕 34코×44단
게이지 26코×38단/10cm×10cm

난이도 ★☆☆

※ 배색 무늬 실 분량: 열매는 90cm로 실을 잘라 둔다.
※ 체리 뜨는 법은 70페이지 참조

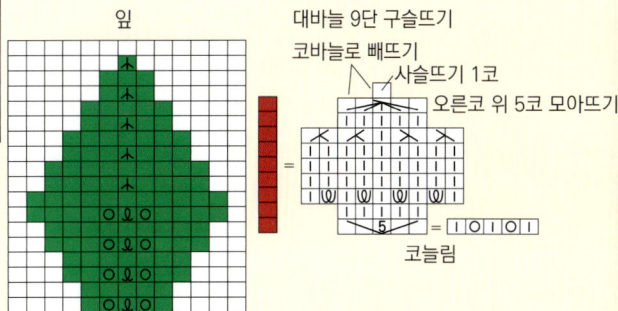

체리 뜨는 법

66·68페이지의 체리를 뜨는 법을 설명합니다. 열매와 줄기를 뜰 만큼씩 실을 잘라둡니다.
기호 도안은 67·69페이지 참조.

체리 두 알, 체리 세 알

1 열매를 뜰 실로 바꾸기 1코 전에서 바탕색 실과 열매 뜰 실을 교차시켜 둡니다. 열매 실로 맨처음 코를 겉뜨기합니다. 왼쪽 바늘에서 실을 빼지 않고 5코 늘림코를 만듭니다.

2 오른쪽 바늘에 실을 걸어서 걸어코를 만듭니다. 이것이 두 번째 코입니다.

3 같은 코에 바늘을 걸어 겉뜨기 합니다. 이것이 세 번째 코입니다.

4 같은 코에 걸어뜨기, 겉뜨기 합니다(4, 5번째 코). 한 코에 다섯 코가 걸려 있게 되었습니다. 이어서 바탕색(흰색)으로 마지막까지 뜹니다. 첫 단이 떠졌습니다.

5 두 번째 단을 뜹니다. 열매의 1코 전에서 바탕실의 위에 열매 실을 얹어서 바탕색(흰색)으로 한 코 뜹니다.

6 열매 실로 변경하여 5코로 늘리기한 코를 안뜨기로 뜹니다.

7 5코를 뜨면 다음의 코를 바탕색인 흰색 실로 안뜨기 하고 끝까지 뜹니다.

8 겉면으로 뒤집어 3번째 단을 뜹니다. 열매 실의 1코 전에서 바탕색과 열매의 실을 교차시키고 바탕색으로 1코를 뜹니다.

9 열매 실로 바꿔서 5코를 뜨고 바탕색인 흰색으로 끝까지 뜹니다. 4번째 단도 동일하게 안뜨기로 뜹니다.

10 5번째 단은 바탕색으로 겉뜨기를 뜨고 열매의 5코를 코바늘로 옮깁니다.

11 코바늘에 실을 걸어서 5코를 빼뜨기하여 오른코 위 5코 모아뜨기 한다.

12 다시 코바늘에 실을 걸어 사슬뜨기를 1코 뜹니다. 이 1코를 원래의 대바늘로 되돌리면 체리가 완성됩니다.

업&다운 체리

1 70페이지의 체리와 같은 방법으로 1코에서 3코로 늘립니다. 겉뜨기, 걸어뜨기, 겉뜨기 합니다. 이것이 파트1의 1단이 됩니다.

2 다음으로 안면이 보이도록 뜨개 바탕을 돌려 파트1의 2번째 단을 평면뜨기로 뜹니다. 열매의 첫 번째 코를 안뜨기로 뜹니다.

3 다음에는 감아코를 만들어 1코 늘립니다.

4 2번째 코는 안뜨기, 다음 3번째 코는 감아코(코늘림), 마지막 코는 안뜨기로 뜹니다. 이로써 3코가 5코가 되었습니다.

5 겉면이 보이도록 뒤집어서 파트1의 3번째 단을 뜰 때에는 바탕색의 실과 열매의 실을 교차시켜 둡니다.

6 겉뜨기로 5코를 떴습니다. 이것으로 파트1이 떠졌습니다. 이어서 바탕색 실로 끝까지 뜹니다.

7 다음은 파트2를 뜹니다. 바탕색 실로 뜨기 시작하여 열매의 부분에서 실을 바꿔서 열매 5코를 뜹니다. 그대로 끝까지 바탕색 실로 뜹니다.

8 파트3을 파트1과 같은 요령으로 뜹니다. 바탕색으로 시작하여 열매에서 실을 변경하여 파트3의 첫 단(열매의 5단)을 뜹니다. 안면으로 뒤집어서 열매 부분만을 왕복뜨기하여 파트3의 2번째 단(열매의 6단)을 뜹니다.

9 파트3의 3번째 단(열매의 7번째 단)입니다. 코바늘로 5코를 옮깁니다.

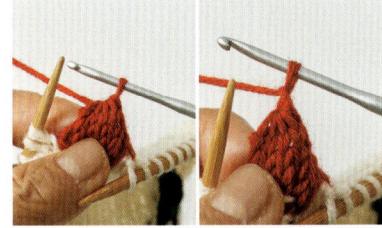

10 코바늘에 실을 걸어서 5코를 빼내어 오른코 위 5코 모아뜨기 합니다. 다시 코바늘에 실을 걸어 사슬뜨기로 1코 뜹니다.

11 이 1코를 원래의 대바늘로 되돌리면 체리 부분이 완성됩니다. 열매의 1단과 3단, 4단과 7단에서는 왕복으로 떠서 70페이지의 체리보다 볼륨이 있습니다.

안면에서는 사진과 같이 실이 보입니다.

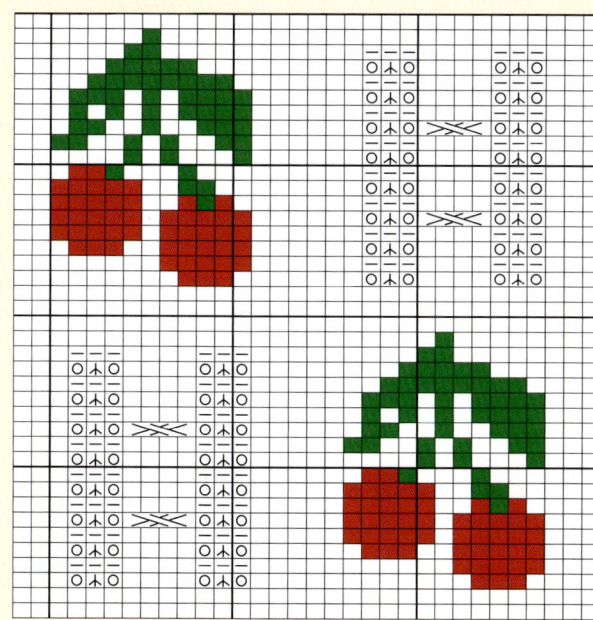

비침 무늬와 체리

실

[제이미슨스] 스핀드리프트
■#710 용담 ■#525 진홍색 ■#790켈틱

바늘 대바늘 4호(3.3mm), 꽈배기바늘

뜨개 바탕 32코×40단

게이지 28코×36단/10cm×10cm

난이도 ★☆☆

※ 배색 무늬 실 분량: 잎은 115cm, 열매는 105cm로 실을 잘라 둔다.

□ = ■

배색 무늬 체리

실

[퍼피] 셰틀랜드
■#30 라이트 그레이 ■#23 와인레드
■#55 오페라 ■#47 연두 ■#14 녹색

바늘 대바늘 6호(3.9mm)

뜨개 바탕 33코×40단

게이지 24코×31단/10cm×10cm

난이도 ★☆☆

※ 배색 무늬 실 분량: 열매는 각 40cm,
연두색 잎은 85cm, 녹색 잎은 35cm로 실을 잘라 둔다.

크로스스티치

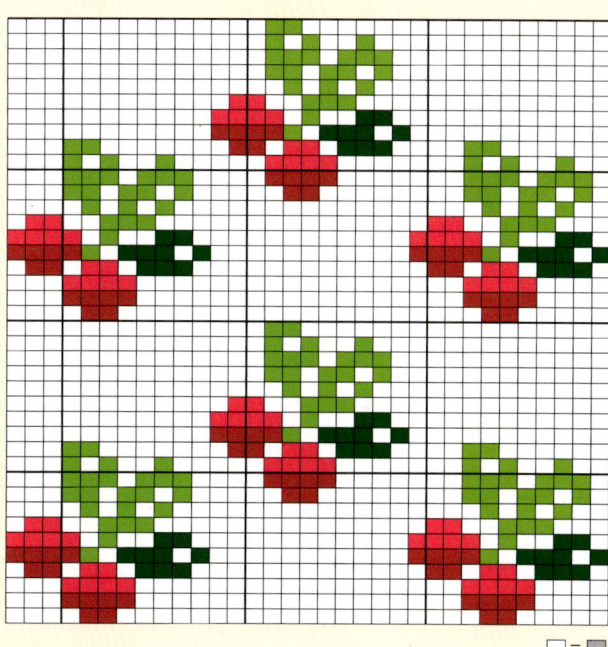

□ = ■

블루베리

실

[퍼피] 알바 ■#1112 짙은 녹색
[퍼피] 셰틀랜드
■#14 녹색 ■#47 연두 ■#56 보라 ■#17 코발트 블루
[퍼피] 브리티시 파인 ■#037 갈색

바늘 대바늘 6호(3.9mm)

뜨개 바탕 34코×38단

게이지 24코×32단/10cm×10cm

난이도 ★☆☆

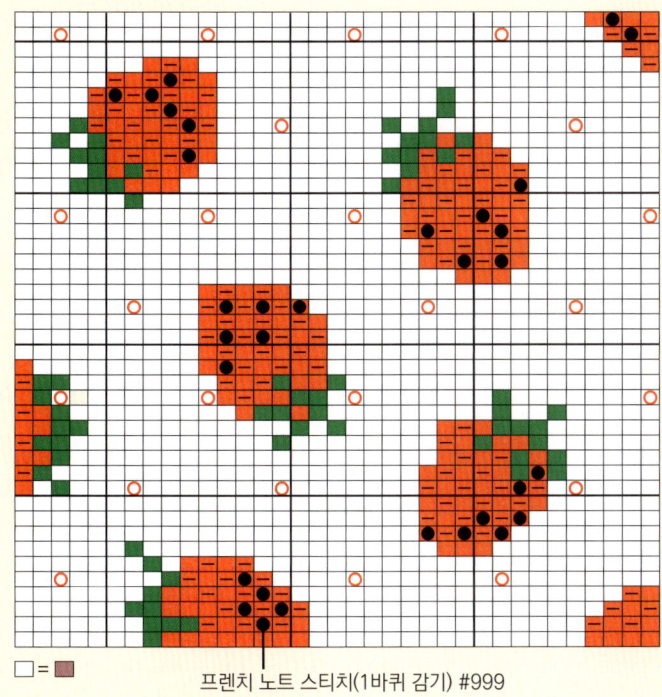

춤추는 딸기

실

[제이미슨스] 스핀드리프트

■#660 라군　■#500 스칼렛　■#800 타탄

■#999 블랙

바늘　　대바늘 5호(3.6mm), 코바늘 2/0호
뜨개 바탕　35코×42단
게이지　28코×34단/10㎝×10㎝

난이도　★★☆

※ 열매는 가로 배색뜨기 한다.
※ 배색 무늬 실 분량: 잎은 40㎝로 실을 잘라 둔다.

◯ = 바탕색

긴뜨기 2코 구슬뜨기
코바늘 2/0호

□ = ■

프렌치 노트 스티치(1바퀴 감기) #999

※ 사진의 뜨개바탕은 위아래가 뒤집혀 있습니다.

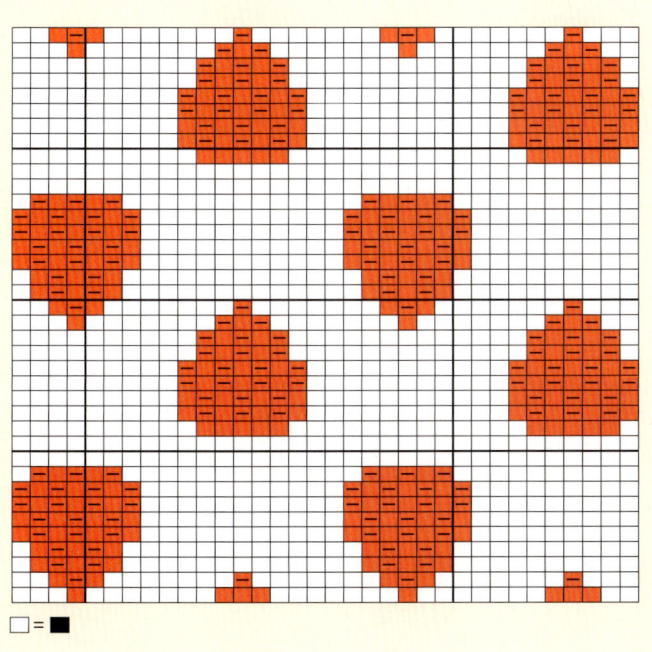

업&다운 딸기

실

[퍼피] 셰틀랜드

■#20 짙은 감색　■#29 빨강　■#14 녹색

[퍼피] 브리티시 파인

■#066 노랑

바늘　　대바늘 6호(3.9mm)
뜨개 바탕　34코×42단
게이지　26코×30단/10㎝×10㎝(자수 후)

난이도　★☆☆

레이지데이지 스티치

프렌치 노트 스티치
(2바퀴 감기)

□ = ■

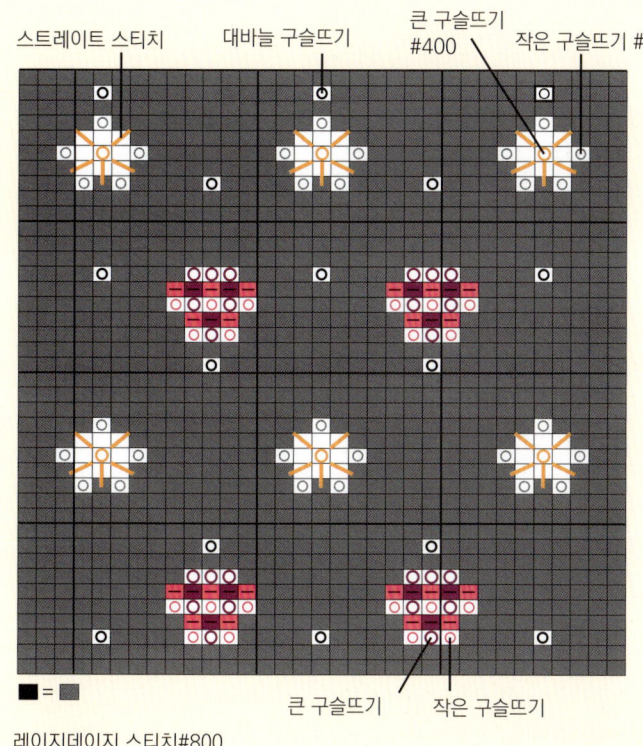

라즈베리

실

[제이미슨스] 스핀드리프트

■#999 블랙　■#188 셔벗　■#580 체리
□#104 내추럴 화이트　■#400 미모사　■#800 타탄

바늘　5호(3.6mm), 코바늘 2/0호·3/0호

뜨개 바탕　33코×40단

게이지　26코×34단/10cm×10cm

난이도　★☆☆

※ 대바늘 구슬뜨기는 122페이지,
　코바늘 구슬뜨기는 123페이지 참조

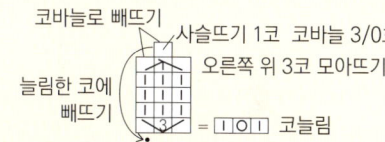

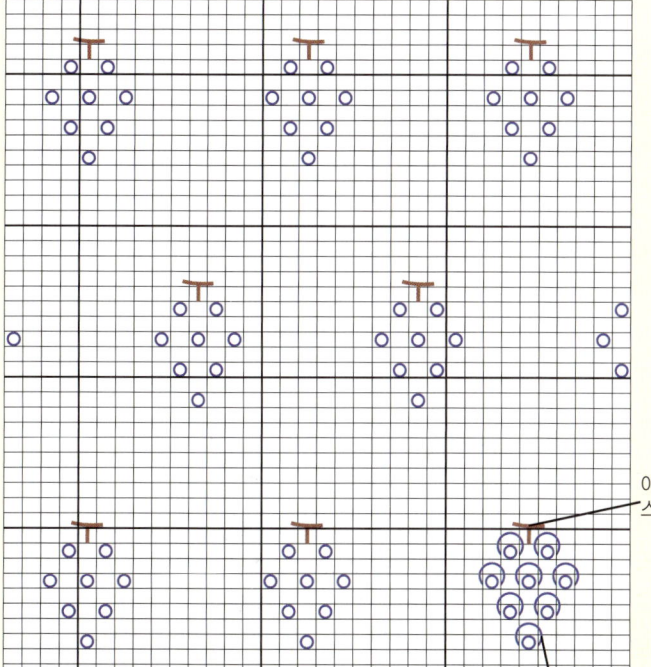

포도

실

[퍼피] 브리티시 파인

■#028 모스 그린　■#027 보라　■#037 갈색

바늘　4호(3.3mm), 코바늘 3/0호

뜨개 바탕　34코×45단

게이지　26코×32단/10cm×10cm

난이도　★☆☆

※ 배색 무늬 실 분량: 열매는 250cm로 실을 잘라 둔다
※ 대바늘 구슬뜨기는 122페이지 참조

Point
대바늘 구슬뜨기를 할 때 콧수가 많은 단이 있는데, 선명한 입체감을 즐길 수 있는 기법입니다.

업&다운 체리로 뜬 가방. 체리가 가방 전체에 들어가 있어서 매우 귀엽습니다. 뜨개로 만든 가방은 늘어지기 쉽습니다. 별도로 안감을 만들어 달면 형태가 무너지지 않고 안정됩니다. 잎사귀 장식은 따로 떠서 손잡이에 답니다.

how to make…P.141

Column 3 > 자신의 사이즈에 맞추기

뜨려는 패턴과 작품을 결정하면 쭉쭉 떠 나가고 싶어질 것입니다. 하지만 시험뜨기를 합시다. 각 변이 15cm정도인 뜨개 바탕(책의 도안대로도 좋습니다)을 떠서 다림판 위에 안면을 보이게 놓고 형태를 정리하여 시침핀으로 고정합니다. 그리고 스팀다리미질을 하고 가만히 식힙니다. 사이즈를 조절하기 위해서도, 우선 시험뜨기를 해서 스팀다리미질을 하여 자신의 게이지를 아는 것이 중요합니다.

1. 자신의 뜨개 바탕을 파악한다

자신의 뜨개 바탕 10cm×10cm 안에 몇 코×몇 단이 들어 있는가를 자로 잽니다. 이것이 '게이지'입니다. 기호 도안의 오른쪽에 있는 게이지와 자신의 게이지가 맞으면 그대로 뜹니다. 만약 느슨하다면(자신의 게이지의 콧수, 단수가 작은 경우) 바늘 호수를 내립니다. 쫀쫀하다면 (자신의 게이지의 콧수, 단수가 큰 경우) 바늘 호수를 올립니다. 1코 1단쯤은 그대로 떠도 좋지만, 2코 2단이 다르다면 바늘 호수를 바꿀 필요가 있을 것입니다.

딱 좋은 뜨개 바탕은 '뜰 때에 대바늘에 걸린 코가 바늘 위에서 스르륵 움직인다'는 상태를 기준으로 삼습니다. 바늘에 걸려 있는 코의 아래 공간이 클 때는 '느슨하다', 코가 빡빡하여 움직이기 어려울 때에는 '빡빡하다'라고 생각하면 됩니다. 대바늘의 호수가 3mm 단위로 잘게 나뉘어 만들어져 있는 것은 알맞은 호수로 뜨기 위함입니다. 자신의 손에 맞는 (뜨개 방법에 맞는) 바늘의 호수를 알아둡시다. 작품에 따라서도 알맞은 느슨함이 있습니다. 의류의 경우에는 적당히 늘어지는 정도, 소품이나 가방의 경우에는 조금 단단한 정도가 좋을 것입니다. 조금 수고스럽지만 이 단계를 확실히 밟아 가면 생각하는대로 떠낼 수 있습니다.

2. 자신의 사이즈에 맞춘다

의류나 두를 것을 뜰 때에는 사이즈가 중요합니다. 이 책의 작품은 대부분 프리사이즈입니다만, 이왕 뜨는 것이므로 자신이 원하는 사이즈로 뜨고 싶을 것입니다. 사이즈 조정 방법은 크게 3가지 방법이 있습니다.

① 뜨는 콧수, 단수는 그대로 두고 뜨는 바늘의 호수를 변경한다.
② 실을 굵은(가는)것으로 변경하여 뜬다.

이 두가지 방법으로 뜨개 바탕의 크기를 바꿀 수 있습니다. 이 방법은 무늬의 크기나 텍스쳐도 바꿉니다.
대바늘 호수를 1호 바꾸면 전체 크기는 약 5% 바뀝니다. 4호를 5호로 바꾸면 5%, 4호를 6호로 바꾸면 약 10% 바뀌는 식입니다. 4호를 3호로 내리는 경우에도 같은 비율로 작아집니다.

③ 뜨는 바늘의 호수나 뜨는 실을 변경하지 않고 전체의 콧수, 단수를 뜨고싶은 사이즈에 맞춰 변경한다.

이렇게 하면 무늬의 크기나 텍스쳐가 바뀌지 않습니다. 콧수와 단수를 바꿔서 선호하는 폭이나 길이로 바꿀 수 있습니다. 예를 들어 폭은 변경하지 않고 길이만을 짧게 하는 등 자유롭게 실루엣을 바꿀 수도 있습니다. 소매의 길이를 변경하고 싶다면 고무뜨기나 가터뜨기 등의 단수를 변경하여 손쉽게 변경하는 것도 가능합니다.
 선호하는 형태로 뜨고 싶지만 스스로 콧수, 단수를 산출하는 것이 어려워 보이나요? 제일 간단한 방법은 가지고 있는 옷에서 만들고 싶은 사이즈에 가까운 것을 골라서 큰 종이 위에 놓고, 그 가장자리를 따라 그려서 그 형태가 자신의 게이지로 몇 코 몇 단이 되는 것인가를 산출하는 것입니다. 뜨려는 무늬가 상하좌우에 몇개 들어가는가를 계산해 내고, 여백이 있으면 남은 콧수나 단수를 균등하게 나눠 배치합니다. 또는 옆선의 무늬를 맞추는 걸 생각해서 무늬의 배치를 조정합니다. 작은 그림으로 계산해내는 방법도 좋지만 실물크기의 종이를 앞에 두고 '어디보자, 이렇게 하면?' 하고 생각하며 만들어진 도안은 다음 작품에도 힘을 불어 넣어줄 것입니다.

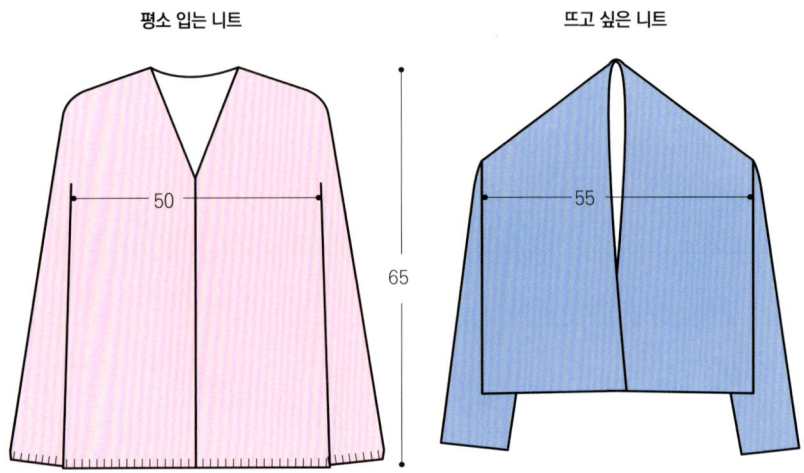

폭만을 보통의 니트에 맞춰서 5cm 줄이는 경우를 생각해 봅시다. 뜨고 싶은 니트의 게이지가 28코×30단이라고 하면 폭 50cm는 140코가 됩니다. 다음에는 무늬가 몇 개 들어가는가를 생각해 균등하게 배치해 주세요.
 앞 몸판과 뒤 몸판이 만나는 옆선에서 무늬가 만나지 않는다면 보다 간단합니다. 가운데에서부터 균등하게 나눠서 배치하고 남은 부분은 그대로 연결합니다. 또는 몇 코를 더하거나 줄여서 조금 더 나누기 쉽게 합니다.

3. 다른 패턴으로 바꿔 놓아 본다

이 책의 작품을 다른 패턴으로 꼭 떠 보고 싶다면!
기본적으로는 실물 크기로 사이즈를 조정하는 방법과 같습니다. 뜨고 싶은 패턴에 가로로 몇 무늬, 세로로 몇 무늬가 들어갈까를 산출하고 여백을 균등하게 나눠 배치합니다. 실물 크기로 생각하면 이미지가 떠오르기 좋고 옆선의 무늬를 맞추기도 쉬워져 이 방법을 추천합니다.
다른 패턴으로 바꿔넣는다면 사이즈 뿐 아니라 색상도 바꿔봅시다. 시험뜨기를 몇장씩 하는 것은 힘들지만 방안지에 따라 그린 패턴을 '블루 버전', '핑크버전'으로 색칠하는 감각으로 즐겨봅시다. 색연필을 쥐고 손을 움직이는 동안 좋아하는 색의 조합을 알게 될 것입니다.

자, 이제 뜨는 것만 남았습니다!
Enjoy!

뜨는 도중에 종종 폭과 길이를 체크하는 것을 잊지 맙시다. 게이지를 뜰 때에는 손이 아직 풀리지 않아 뜨개바탕이 딱딱하지만, 손에 익숙해지면 부드럽게 되어 버리는 경우도 있습니다.
막대바늘로 뜰 때보다 줄바늘로 뜰 때가 느슨해지기 쉽기도 합니다. 막대바늘로 시험뜨기를 했으나 작품은 줄바늘을 사용하는 경우에는 느슨해지지 않도록 신경을 씁시다. 이왕 뜨는 것이므로 뜨기 전의 준비에 더 만전을 기해 즐겁게 완성해 봅시다.

보더

띠 모양으로 반복되는 무늬가
2단 이상이 되는 디자인입니다.
페어아일 기법처럼 기하학 무늬와
모티브를 조합했습니다.

장미 보더 무늬

실

[퍼피] 브리티시 파인

☐ #021 라이트 베이지　■ #080 연두　■ #031 핑크
■ #055 녹색　■ #035 머스터드　■ #068 로즈 핑크

바늘	대바늘 4호(3.3mm)
뜨개 바탕	33코×40단
게이지	26코×32단/10cm×10cm

난이도　★☆☆

> *Point*
> 보더 패턴은 실을 가로로 보내며 뜹니다. 바탕색과 배색실이 안면에서 평행이 되도록 뜹시다.

작은 꽃 리본

실

[제이미슨스] 스핀드리프트

☐ #104 내추럴 화이트　■ #259 레프러콘
■ #570 소르베

바늘	대바늘 4호(3.3mm)
뜨개 바탕	34코×40단
게이지	28코×32단/10cm×10cm

난이도　★☆☆

오크 트리

실

[제이미슨스] 스핀드리프트

☐ #120 연베이지/화이트　■ #230 황토색
■ #524 양귀비　■ #890 모카　■ #815 아이비

바늘	대바늘 4호(3.3mm)
뜨개 바탕	34코×39단
게이지	26코×32단/10cm×10cm

난이도　★☆☆

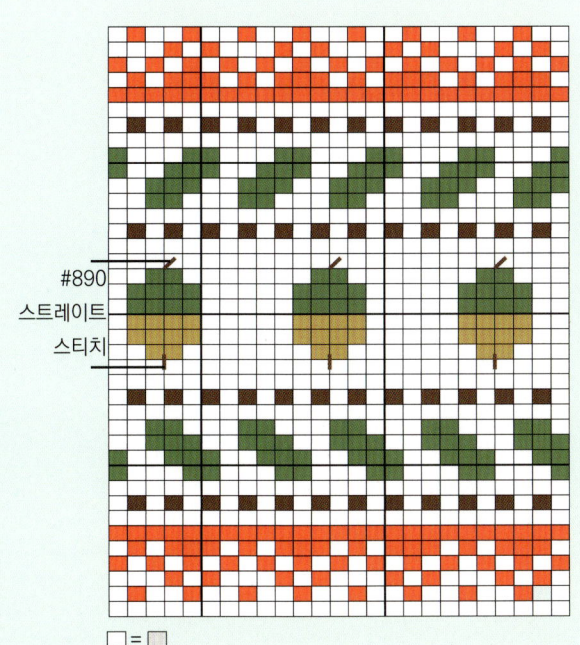

#890 스트레이트 스티치

꽃무늬 보더

실
[퍼피] 브리티시 파인

- ■ #080 연두   □ #001 흰색   ■ #006 빨강   ■ #066 노랑
- ■ #007 군청색

바늘	대바늘 5호(3.6mm)
뜨개 바탕	33코×40단
게이지	26코×32단/10cm×10cm

난이도 ★☆☆

Point
보더 무늬는 색깔에 따라 분위기가 달라집니다. 뜨기 전에 색연필 등으로 몇 개의 패턴에 색깔을 칠해 보고 자신이 좋아하는 조합을 찾아 봅시다.

페어아일

실
[퍼피] 브리티시 파인

- □ #021 라이트 베이지   ■ #068 로즈 핑크
- ■ #092 청록색   ■ #062 코발트 블루
- ■ #053 진보라   ■ #080 연두   ■ #091 피스타치오

바늘	대바늘 4호(3.3mm)
뜨개 바탕	35코×39단
게이지	28코×34단/10cm×10cm

난이도 ★☆☆

비올라

실

[제이미슨스] 스핀드리프트

- #105 연베이지
- #788 리프
- #616 아네모네
- #410 옥수수밭
- #600 보라
- #136 테비엇
- #259 레프러콘

바늘 대바늘 4호(3.3mm)
뜨개 바탕 33코×42단
게이지 26코×32단/10cm×10cm

난이도 ★☆☆

데이지와 클로버

실

[제이미슨스] 스핀드리프트

- #123 옥스퍼드
- #342 캐슈
- #616 아네모네
- #400 미모사
- #790 켈틱
- #655 차이나 블루

바늘 대바늘 4호(3.3mm)
뜨개 바탕 33코×40단
게이지 26코×32단/10cm×10cm

난이도 ★☆☆

장미꽃과 꽃봉오리

사용한 실
a
[제이미슨스] 스핀드리프트
- ■ #580 체리   ■ #188 셔벗
- ■ #259 레프러콘   □ #390 수선화
- ■ #470 호박

b
[제이미슨스] 스핀드리프트
- ■ #999 블랙   ■ #525 진홍색   ■ #790 켈틱
- □ #390 수선화   □ #104 내추럴 화이트

공통
- 바늘   대바늘 5호(3.6mm)
- 뜨개 바탕   34코×40단
- 게이지   26코×30단/10cm×10cm

난이도   ★☆☆

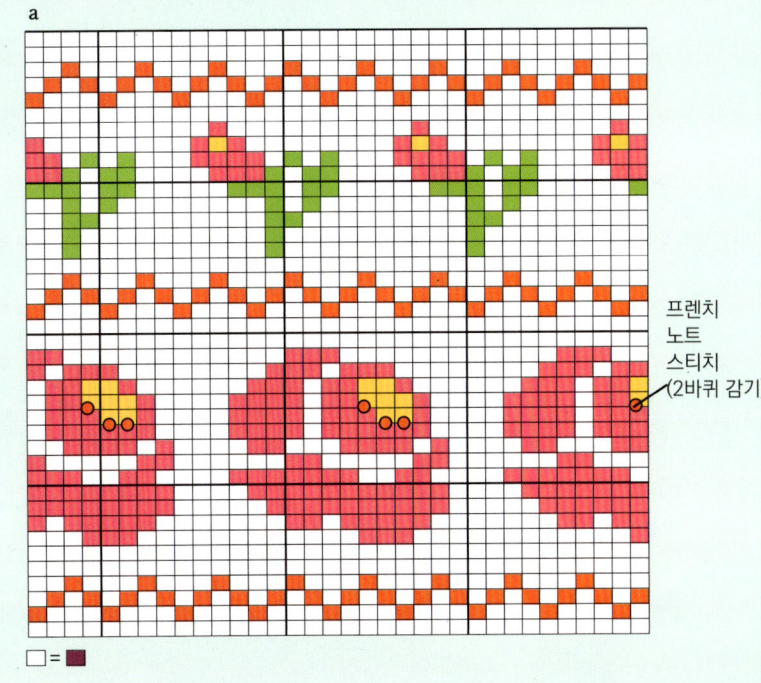

프렌치 노트 스티치 (2바퀴 감기)

무당벌레와 클로버

실
[제이미슨스] 스핀드리프트
- □ #655 차이나 블루   ■ #999 블랙   ■ #800 타탄
- ■ #500 스칼렛   □ #104 내추럴 화이트

- 바늘   대바늘 5호(3.6mm)
- 뜨개 바탕   34코×38단
- 게이지   26코×30단/10cm×10cm

난이도   ★☆☆

Point
여러 개의 클로버 중 하나만 네잎클로버로 만들었습니다. 이런 방법으로 즐겨도 좋지요!

스트레이트 스티치

토끼와 민들레

실

[퍼피] 브리티시 파인
☐#021 라이트 베이지 ■#007 군청색 ■#066 노랑
■#055 녹색 ■#080 연두

[퍼피] 키드모헤어파인 ☐#54 라이트 베이지

바늘 대바늘 5호(3.6mm), 코바늘 3/0호
뜨개 바탕 34코×42단
게이지 26코×30단/10cm×10cm

난이도 ★☆☆

※ 토끼는 [퍼피] 브리티시 파인 #021과
   키드모헤어파인 #54을 함께 잡아 2겹으로 뜬다.
※ 코바늘 구슬뜨기는 123페이지 참조

◎ = 🌱
한길 긴뜨기 2코 구슬뜨기
코바늘 3/0호

다람쥐와 도토리

실

[제이미슨스] 스핀드리프트
☐#342 캐슈 ■#1190 어두운 갈색 ■#815 아이비
■#599 조디악 ☐#660 라군

바늘 대바늘 5호(3.6mm)
뜨개 바탕 35코×44단
게이지 26코×30단/10cm×10cm

난이도 ★☆☆

☐ = ☐

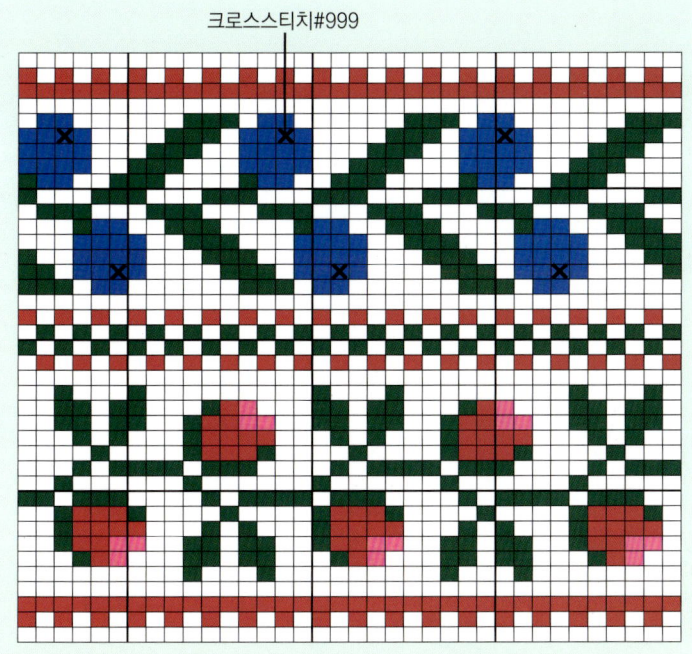

블루베리와 들장미

실

[제이미슨스] 스핀드리프트
☐ #104 Natural White ■ #788 리프 ■ #684 코발트
■ #585 플럼 ■ #999 블랙 ■ #525 진홍색

바늘　　대바늘 5호(3.6mm)
뜨개 바탕　36코×39단
게이지　　28코×28단/10cm×10cm

난이도　★★☆

Point
병태사 굵기 정도의 여름실로 루스 핏의 의류를 떠도 예쁘고, 가는 겨울실로 코스터를 떠도 예쁜 패턴입니다! 상상을 펼쳐 봅시다!

장미&왕관

실

[퍼피] 알바
☐ #0130 흰색 ■ #5145 감색 ■ #5139 빨강
■ #1109 노랑

바늘　　대바늘 5호(3.6mm)
뜨개 바탕　41코×42단
게이지　　28코×30단/10cm×10cm

난이도　★☆☆

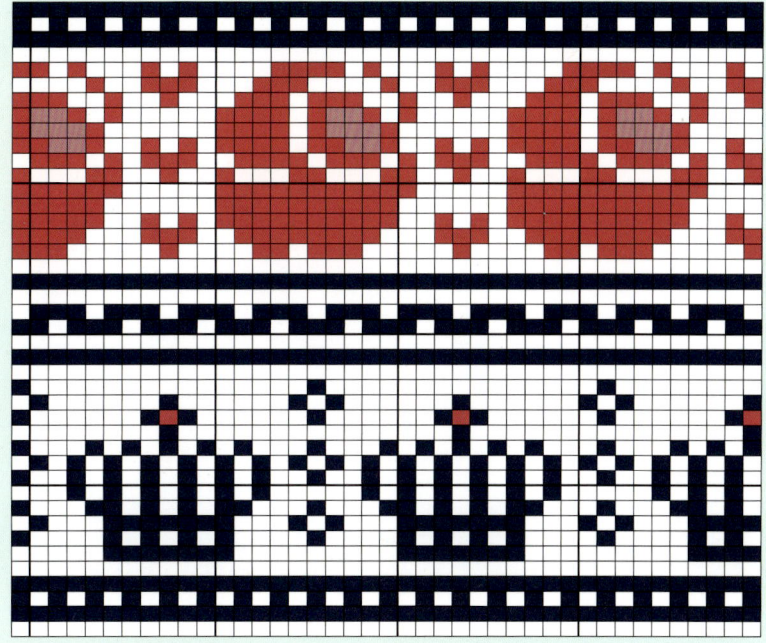

베리즈

실
[제이미슨스] 스핀드리프트
■#122 화강암　■#788 리프　■#585 플럼

바늘　대바늘 4호(3.3mm)
뜨개 바탕　34코×42단
게이지　28코×32단/10cm×10cm

난이도　★☆☆

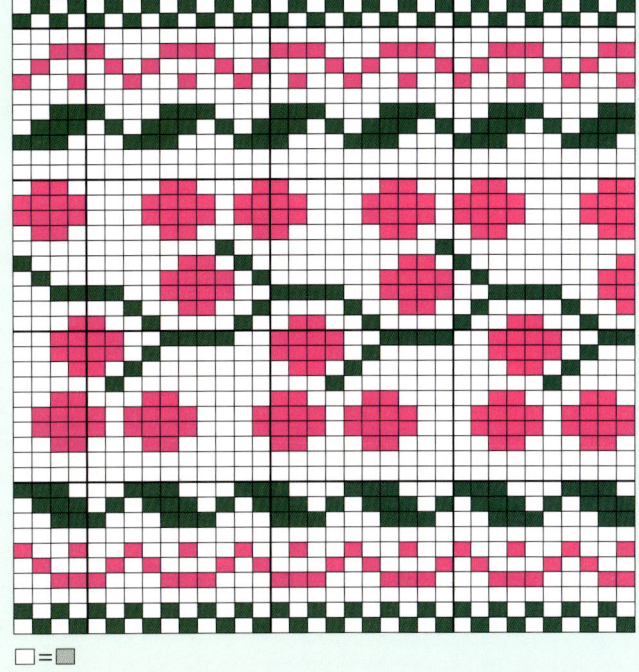

□=■

밤의 패랭이꽃

실
[퍼피] 브리티시 파인
■#009 그레이　■#085 네온 핑크　■#066 노랑

[퍼피] 키드모헤어파인　■#15 그레이
■#44 오페라

바늘　대바늘 5호(3.6mm)
뜨개 바탕　34코×40단
게이지　26코×28단/10cm×10cm

난이도　★☆☆

※ 브리티시 파인과 키드모헤어파인을 함께 잡아 2겹으로 뜬다.

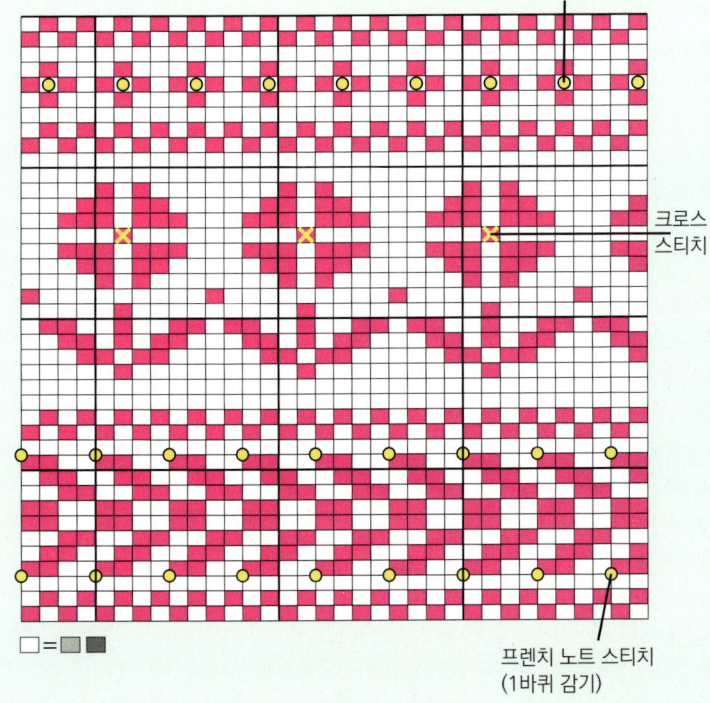

배색 뜨기하고 이후에 자수를 놓는다

크로스 스티치

프렌치 노트 스티치
(1바퀴 감기)

□=■■

Point
수를 놓는 색이 악센트가 되는 패턴입니다. 뜨개실에 국한되지 말고 자수실 등으로 좋아하는 색을 사용합시다.

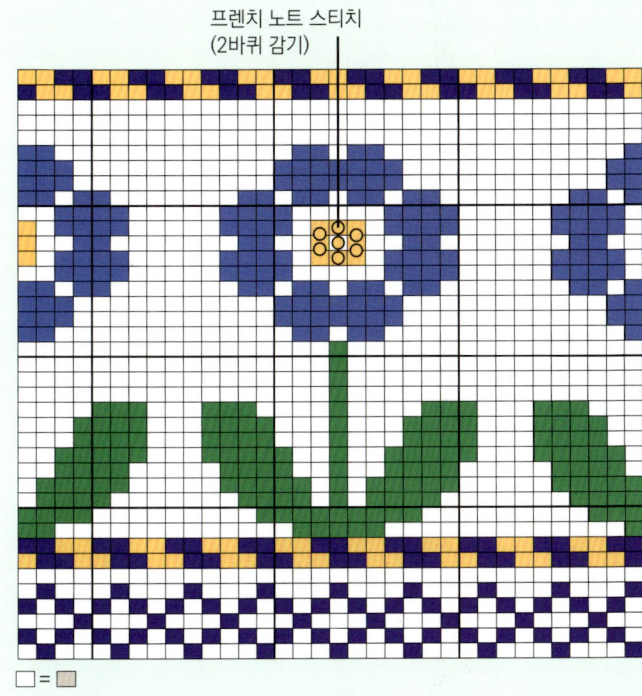

파란 양귀비

실
[제이미슨스] 스핀드리프트
☐#105 연베이지 ■#710 용담 ■#676 사파이어
■#790 켈틱 ☐# 1160 양골담초

바늘 대바늘 4호(3.3mm)
뜨개 바탕 34코×39단
게이지 28코×32단/10cm×10cm

난이도 ★☆☆

노란 장미

실
[제이미슨스] 스핀드리프트
☐#104 내추럴 화이트 ☐#660 라군
■#800 타탄 ■#684 코발트 ☐# 400 미모사

바늘 대바늘 5호(3.6mm)
뜨개 바탕 33코×40단
게이지 26코×30단/10cm×10cm

난이도 ★☆☆

영국 전통의 브라운 베티 티 포트를 90페이지의 토끼와 조합 했습니다. 티 코지와 매트는 포트에 담긴 차의 온도를 유지시 켜 주므로 티 타임을 즐기는 데에는 필수 아이템. 댁에서 사용 하는 포트의 사이즈에 맞춰서 떠 주세요.

how to make…P.148

짧은 손목 워머는 빨리 만들 수 있는 점도 매력입니다. 보더 무늬나 작은 연속무늬를 360도로 둘러 코디네이트의 포인트도 됩니다. 86페이지의 비올라와 16페이지의 버섯 무늬로 만들어 보았습니다.

how to make…P.150

단색 무늬

아란 무늬나 비침무늬 등
한 가지 색으로 뜨는 입체적인 무늬입니다.
복잡해 보이지만,
기본적으로 같은 기법의 반복입니다.

a

b

a

잎과 열매

a

실

[퍼피] 모나르카　☐#901 흰색

바늘　대바늘 7호(4.2mm), 코바늘6/0호, 파배기 바늘

뜨개 바탕　37코×48단

게이지　30코×22단/10cm×10cm

b

실

[퍼피] 셰틀랜드　■#16 파랑

[퍼피] 키드모헤어파인

■#48 블루 그린

바늘　대바늘 6호(3.9mm), 코바늘5/0호, 파배기 바늘

뜨개 바탕　37코×48단

게이지　20코×30단/10cm×10cm

※ 셰틀랜드와 키드모헤어파인을 한꺼번에 잡아 2가닥으로 뜬다.

난이도　★☆☆

※ 대바늘 구슬뜨기는 122페이지 참조

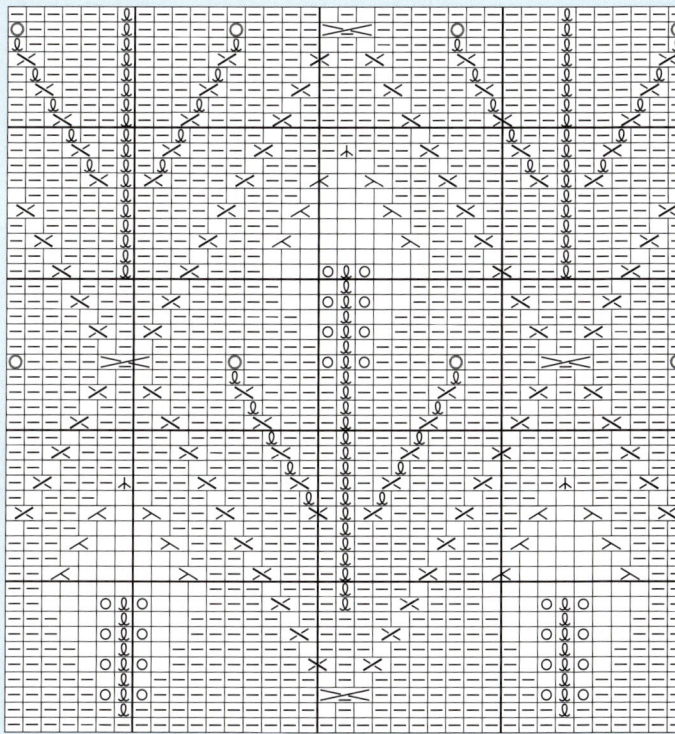

◉ 대바늘 1단 구슬뜨기
코바늘로 빼뜨기
사슬뜨기 1코
늘림한 코에 빼뜨기
오른코 위 3코 모아뜨기
= |O|
코늘림

작은 사과나무

실

[퍼피] 챠스카　■#50 베이지

바늘　대바늘 4호(3.3mm), 코바늘3/0호

뜨개 바탕　25코×62단

게이지　24코×32단/10cm×10cm

난이도　★★☆

※ 대바늘 구슬뜨기는 122페이지 참조

◉ 대바늘 1단 구슬뜨기
코바늘로 빼뜨기
사슬뜨기 1코
늘림한 코에 빼뜨기
오른코 위 3코 모아뜨기
= |O|
코늘림

Point

자연의 나무 모습을 떠올리며 떠 봅시다. 구슬뜨기 부분의 색깔을 바꿔 보거나 비즈 등으로 바꿔 보면서도 즐겨 보는 건 어떨까요?

☐ = ■

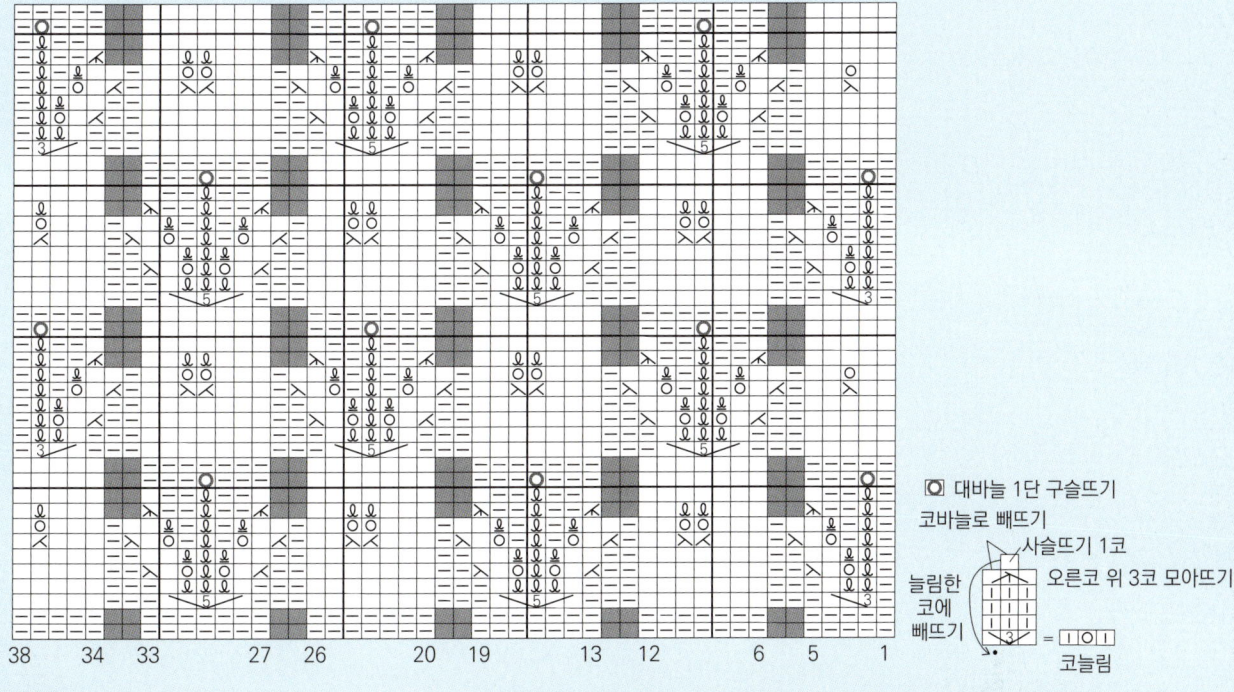

38	34	33		27	26		20	19	13	12	6 5 1

⚬ 대바늘 1단 구슬뜨기
코바늘로 빼뜨기
사슬뜨기 1코
오른코 위 3코 모아뜨기
늘림한 코에 빼뜨기
코늘림

튤립

실
[퍼피] 알바 □#0130 흰색

바늘 대바늘 5호(3.6mm), 코바늘4/0호

뜨개 바탕 38코×42단

게이지 28코×36단/10cm×10cm

난이도 ★★★

※ 대바늘 구슬뜨기는 122페이지 참조

3코 모아뜨기
1코에서 3코로 코늘림

구슬뜨기 베리(트리니티 스티치)

실
[퍼피] 알바 ■#1170 핑크
[퍼피] 키드모헤어파인 ■#44 오페라

바늘 대바늘 7호(4.2mm)

뜨개 바탕 26코×36단

게이지 20코×24단/10cm×10cm

난이도 ★★☆

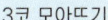 = ■ ■

'1코에서 3코로 코늘림'하고
'3코 모아뜨기'를 반복

※ 알바와 키드모헤어파인을 한꺼번에 잡아 2겹으로 뜬다.
※ 트리니티 스티치 뜨는 법은 125페이지 참조

a

b

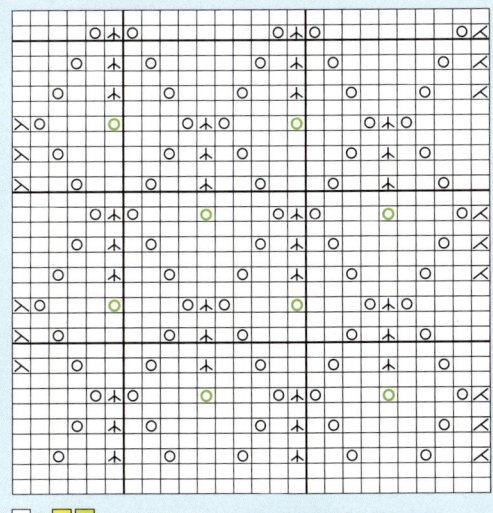

비침무늬 나뭇잎

실
[퍼피] 뉴 2PLY ■#260 노랑
[퍼피] 키드모헤어파인 ■#51 레몬 옐로
바늘 대바늘 5호(3.6mm), 코바늘4/0호
뜨개 바탕 26코×32단
게이지 20코×29단/10cm×10cm

난이도 ★★☆

※ 뉴 2PLY와 키드모헤어파인을 함께 잡아 2겹으로 뜬다.

Point
면에서 캐시미어까지 어울리는 패턴 두 가지입니다. 차분히 정성을 들여 떠봅시다.

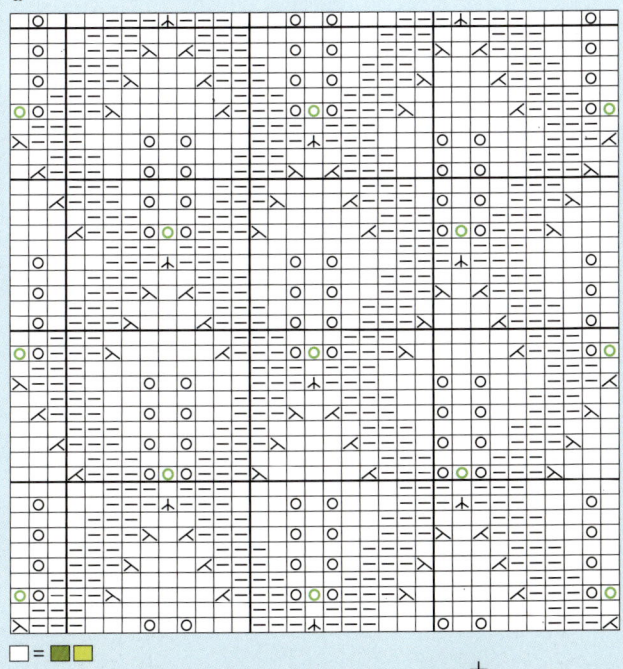

호랑가시나무

a
실
[퍼피] 브리티시 파인 ■#091 피스타치오
[퍼피] 키드모헤어파인 ■#51 레몬 옐로
바늘 대바늘 6호(3.9mm), 코바늘5/0호
뜨개 바탕 33코×41단
게이지 24코×30단/10cm×10cm

b
실
[퍼피] 알바 ■#1185 녹색 ■#5139빨강
바늘 대바늘 6호, 코바늘5/0호
뜨개 바탕 33코×41단
게이지 24코×32단/10cm×10cm

난이도 ★★☆

※ a는 브리티시파인과 키드모헤어파인을 2가닥으로 잡아 뜬다.
b는 구슬뜨기 부분을 빨간색으로 뜬다.

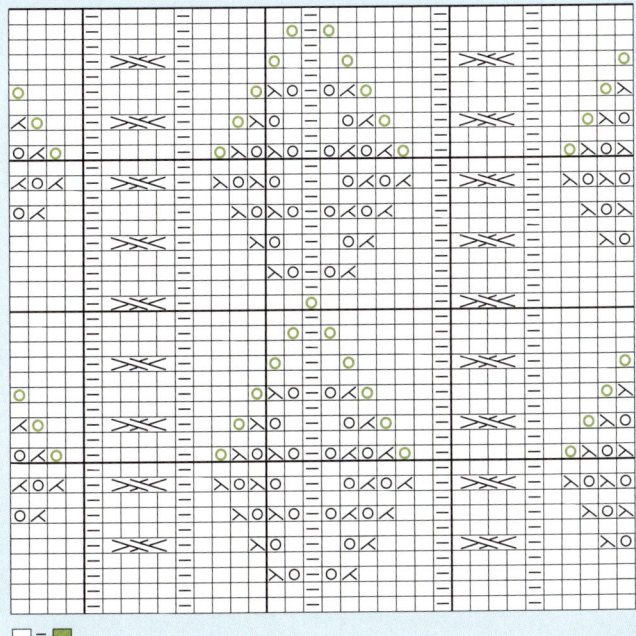

열매가 열린 나무

실
[로완] 펠티드 트위드 ■#213 라임

바늘 대바늘 5호(3.6mm), 코바늘4/0호, 꽈배기 바늘

뜨개 바탕 34코×40단

게이지 26코×32단/10cm×10cm

난이도 ★★☆

※ 코바늘 구슬뜨기는 123페이지 참조

◉ = 🌱

긴뜨기 2코 구슬뜨기
코바늘 4/0호

Point
비침 무늬 부분의 2코 모아뜨기에 주목합시다.
☒(왼코 위)와 ☒(오른코 위)의 조합으로 이뤄진 무늬입니다. 나무에서 자라난 가지를 나타냅니다.

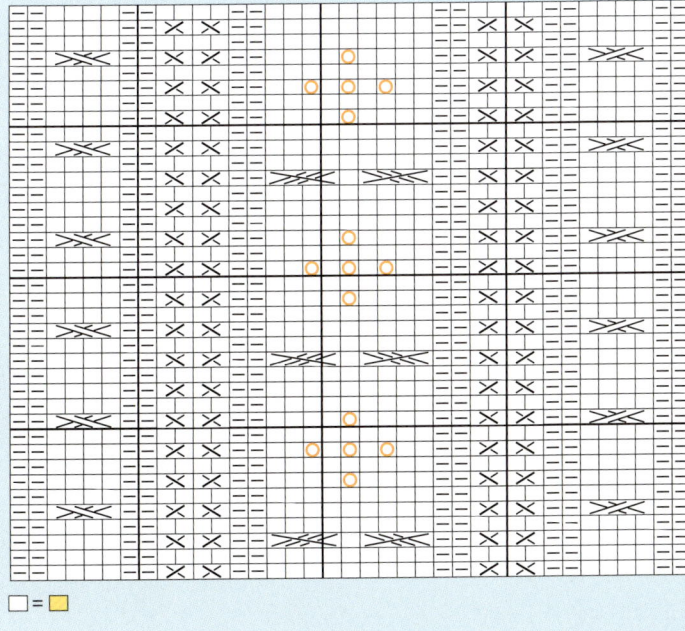

교차 무늬와 구슬뜨기 꽃

실
[퍼피] 알바 ■#1109 노랑

바늘 대바늘 5호(3.6mm), 코바늘4/0호, 꽈배기 바늘

뜨개 바탕 37코×38단

게이지 26코×32단/10cm×10cm

난이도 ★★☆

※ 대바늘 구슬뜨기는 122페이지 참조

○ 대바늘 1단 구슬뜨기
코바늘로 빼뜨기
사슬뜨기 1코
오른코 위 3코 모아뜨기
늘림한 코에 빼뜨기
코늘림

a

b

a

b는 이곳에 4코로 된
비침무늬를 넣는다.

ㅇ 대바늘 1단 구슬뜨기

코바늘로 빼뜨기
사슬뜨기 1코
오른코 위 3코 모아뜨기

늘림한
코에
빼뜨기

= 코늘림

은방울꽃

실

a
[퍼피] 챠스카 □#10 흰색

바늘   대바늘 5호(3.6mm), 코바늘4/0호
뜨개 바탕 27코×38단
게이지 26코×32단/10cm×10cm

b
[퍼피] 알바 ■#1185 녹색 □#0130 흰색
바늘   대바늘 5호(3.6mm), 코바늘4/0호
뜨개 바탕 36코×38단
게이지 24코×32단/10cm×10cm

난이도 ★☆☆

※ 대바늘 구슬뜨기는 122페이지 참조

아란무늬 부케

실

[퍼피] 셰틀랜드 □#50 흰색

바늘   대바늘 5호(3.6mm), 코바늘4/0호, 꽈배기바늘
뜨개 바탕 31코×40단
게이지 24코×36단/10cm×10cm

난이도 ★★☆

※ 코바늘 구슬뜨기는 123페이지,
   스모킹 뜨는 법은 126페이지 참조

ㅇ =

긴뜨기 2코 구슬뜨기
코바늘4/0호

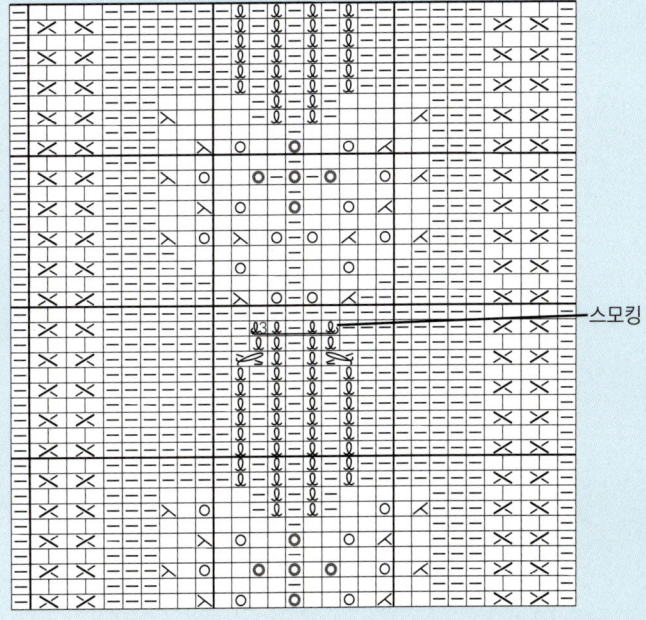

스모킹

□ = □

스모킹

프렌치 노트 스티치
(2바퀴 감기)

스모킹 꽃

실

[퍼피] 알바 □ #1109 노랑

[퍼피] 브리티시 파인

■ #091 피스타치오

바늘 대바늘 5호(3.6mm), 꽈배기 바늘

뜨개 바탕 37코×44단

게이지 24코×34단/10cm×10cm

난이도 ★☆☆

※ 스모킹 뜨는 법은 126페이지 참조

Point
두 도안 모두 보기보다 간단한 뜨개 바탕입니다. 쿠션이나 아기용 담요 등을 떠도 예쁩니다.

티롤리언

실

[퍼피] 알바

■ #5145 감색 ■ #5139 빨강 ■ #1185 녹색

바늘 대바늘 5호(3.6mm), 코바늘 4/0호

뜨개 바탕 34코×41단

게이지 26코×34단/10cm×10cm

난이도 ★☆☆

※ 대바늘 구슬뜨기 하는 법은 122페이지 참조

○ ◯ 대바늘 1단 구슬뜨기

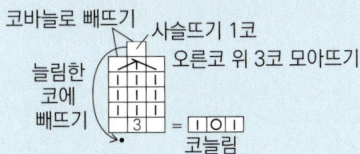

코바늘로 빼뜨기
사슬뜨기 1코
오른코 위 3코 모아뜨기
늘림한 코에 빼뜨기
= 코늘림

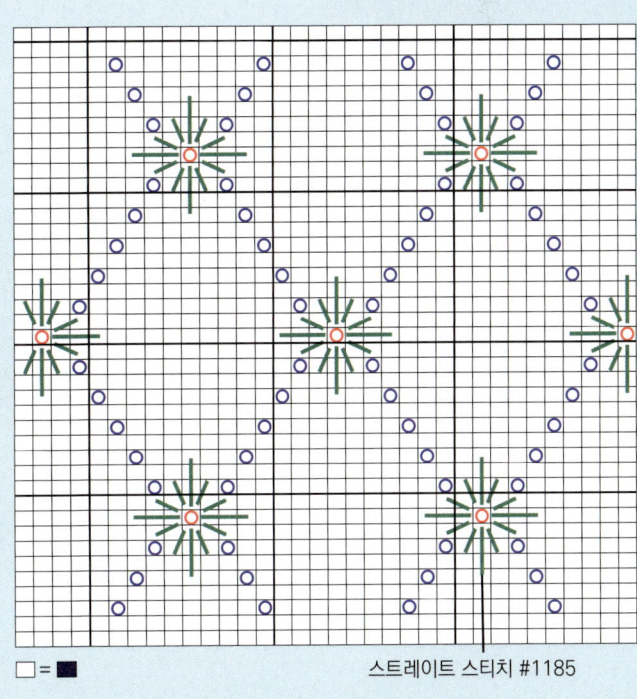

□ = ■

스트레이트 스티치 #1185

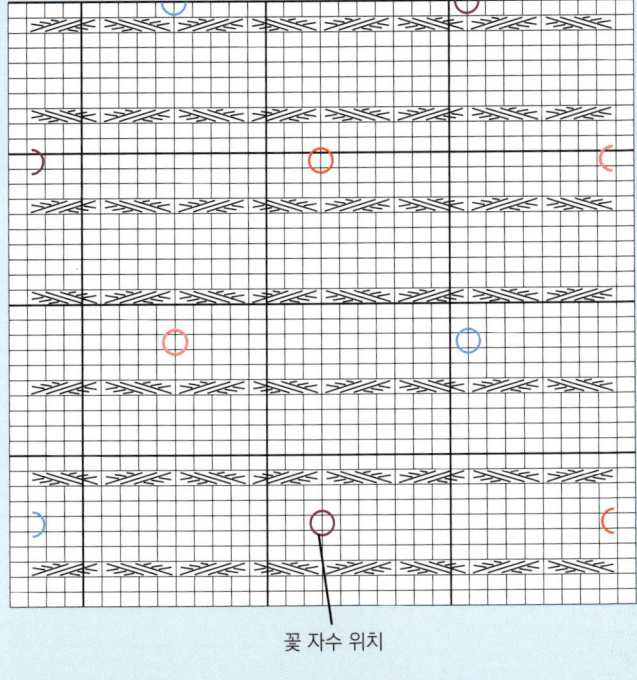

아란 무늬 정원

실
[퍼피] 셰틀랜드 ☐#50 흰색
[퍼피] 브리티시 파인 (모두 자수)
■#066 노랑 ■#080 연두 ■#031 핑크 ■#074 연파랑
■#006 빨강 ■#068 로즈 핑크

바늘 대바늘 5호(3.6mm), 꽈배기바늘
뜨개 바탕 34코×40단
게이지 38코×34단/10cm×10cm

난이도 ★☆☆

※ 의류를 뜰 때에는 바늘의 호수를 1호 올려서
  뜨개 바탕을 조금 느슨하게 만드는 것이 좋다.

Point
중세 굵기의 자투리 실이 있다면 자수를 놓아 보세요. 자투리 실 처리가 즐겁게 됩니다. 광택이 있는 면 실을 사용하면 분위기가 바뀝니다.

꽃 자수 위치

불리온 로즈 스티치 (5바퀴 감기)
프렌치 노트 스티치 (2바퀴 감기)
레이지데이지 스티치
스트레이트 스티치

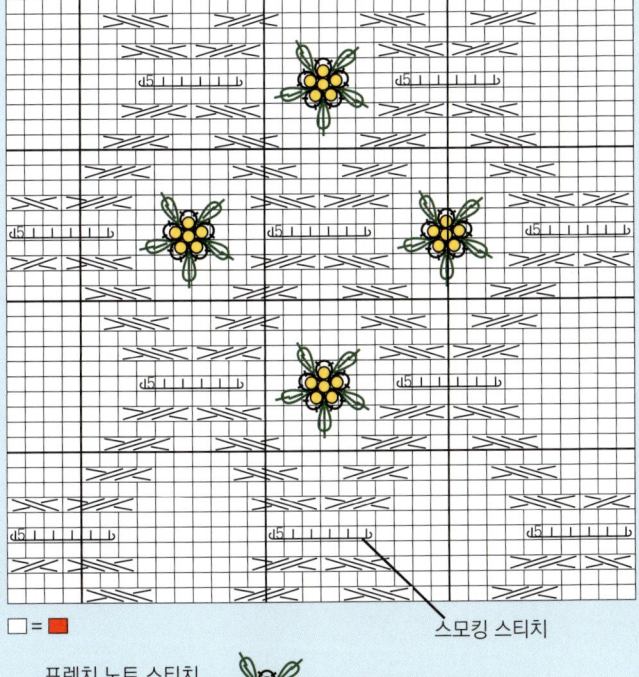

케이블&스모킹 스티치

실
[퍼피] 알바 ■#5139 빨강
[퍼피] 브리티시 파인 (모두 자수)
☐#001 흰색 ■#066 노랑 ■#055 녹색

바늘 대바늘 6호(3.9mm), 꽈배기바늘
뜨개 바탕 34코×39단
게이지 30코×36단/10cm×10cm

난이도 ★☆☆

※ 스모킹 스티치 하는 법은 126페이지 참조

☐ = ■

스모킹 스티치

프렌치 노트 스티치 (1바퀴 감기)
레이지데이지 스티치의 변형
레이지데이지 스티치의 가운데에 스트레이트 스티치

113

선명한 핑크색 모헤어가 인상적인 롱 핸드 워머입니다. 세로로 긴 작은 사과나무로 된 패턴은 롱 핸드 워머에 딱 맞는 디자인입니다. 가볍고 폭신한 질감의 모헤어 실은 뜨기에 어려운 경우도 있으므로 우선 이 작품부터 시작해 봐도 좋습니다.

how to make…P.152

은방울꽃의 순수한 이미지와 흰색 모헤어의 투명함과 고급스러움이 더할 나위 없는 조합을 이룹니다. 후드가 달린 긴 숄인데도 놀랄만큼 가볍고 부드럽습니다. 정성과 시간을 들여 뜨고 싶은 한 작품입니다.

how to make…P.160

독특한 형태와 비침무늬로 만든 의류입니다. 넉넉하게 볼륨이 있는 디자인임에도 비침무늬의 레이스가 있으므로 무거운 느낌 없이 가볍게 입을 수 있습니다. 칼라와 소매는 스모킹 스티치의 디자인입니다. 같은 계열의 색 실로 자수를 놓아 포인트를 주었습니다.

how to make…P.145

스와치로 만들 수 있는 것

스와치 1장으로 간단하게, 이어 붙인 패치워크로 귀엽게. 좋아하는 스와치로 만들어 주세요.

꽃 부분만으로 만든 브로치. 가운데에 싸개단추를 감싸서 원이나 타원형으로 만듭니다. 양복이나 가방에 악센트가 됩니다.

how to make…P.154

90페이지의 다람쥐를 코스터로 만들었습니다. 자수를 더해 꼬리에 풍성함을 더하고 눈을 표현했습니다. 뒤에는 펠트를 덧대 견고하게 마무리했습니다.

how to make…P.156

10페이지의 미니 장미와 50페이지의 장미 꽃봉오리를 사용했습니다. 폭신하고 부드러운 뜨개 바탕이 기분 좋은 핀 쿠션입니다. 베이스가 되는 틀에 맞춰 크기를 조정해 주세요.

how to make…P.157

꽃 한 송이가 그대로 그림이 되는 작은 사이즈입니다. 한 개라도 귀엽고 여러 개를 늘어 놓아 장식해도 멋집니다. 뜨개 바탕에 자수를 놓는 등 변형을 즐겨봅시다.

how to make…P.158

마음에 드는 뜨개 바탕을 연결한 패치워크 가방. 같은 사이즈의 사각형을 12장, 바닥은 장방형 1장을 이었습니다. 반복되는 무늬가 도중에 끊겨도 자연스럽고 귀엽습니다. 시험뜨기를 알뜰하게 사용할 수 있습니다.

how to make…P.168

모티브를 연결한 패치워크 숄은 다양한 뜨개 바탕을 즐길 수 있는 1장입니다. 작은 부분에는 보더를 활용하고, 크게 한 송이를 넣기도 하고, 어디에 어느 것을 떠 넣을까를 생각하는 것도 즐거운 시간입니다. 마지막에 테두리를 떠서 레트로 느낌의 귀여운 분위기로 마무리합니다.

how to make…P.176

구슬뜨기 뜨는 법

Lesson 5

대바늘로 뜨는 구슬, 코바늘로 뜨는 구슬 두 종류입니다.
대바늘은 큰 구슬을 만들고 싶을 때에, 코바늘은 작은 구슬을 뜨고 싶을 때에 쓸 수 있습니다.

대바늘로 뜨는 1단 구슬뜨기 (대바늘 3코 5단 구슬뜨기)

※ 코바늘은 대바늘보다 1호 작은 것을 사용합니다.

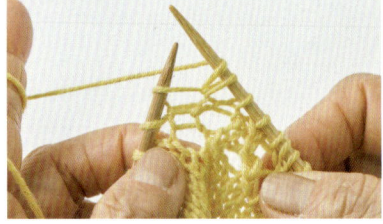

1 108페이지의 은방울꽃을 뜹니다. 왼쪽 바늘을 빼지 않고 3코를 떠 넣어서 늘리겠습니다. 우선 겉뜨기로 1코 뜹니다.

2 다음으로 오른쪽 바늘에 실을 걸어서 걸어뜨기를 합니다. 왼쪽의 바늘에서 실을 빼내지 않습니다.

3 같은 코에 바늘을 넣어 겉뜨기 하고(세 번째 코) 왼쪽의 바늘에서 원래 코를 빼냅니다. 이것으로 1코에서 3코로 늘렸습니다.

4 안면이 보이도록 뒤집어서 늘린 3코를 안뜨기 합니다. 사진은 안뜨기를 다 뜬 모습입니다.

5 겉면으로 뒤집어서 겉뜨기로 3코를 뜨고, 다시 안면으로 뒤집어 안뜨기로 뜹니다. 다음에는 겉면으로 뒤집어서 3코를 코바늘로 옮깁니다.

6 코바늘에 실을 걸어서 3코를 빼내어 오른 코 위 3코 모아뜨기를 합니다.

7 그대로 늘림코의 원래 코에 코바늘을 넣고, 실을 걸어서 빼뜨기합니다.

8 사슬뜨기를 1코 뜹니다.

9 이 1코를 원래의 대바늘로 되돌리면 구슬뜨기의 완성입니다.

10 볼록하고 큼직한 구슬뜨기가 완성되었습니다.

코바늘 구슬 뜨기 (긴뜨기 2코 구슬뜨기)

1 구슬뜨기 부분의 색을 변경하여 뜹니다. 첫째 코를 뜰 때에는 대바늘이 아닌 코바늘로 실을 걸어서 빼냅니다. 왼쪽 바늘에서 실을 빼지 않고 그대로 뜹니다.

2 그대로 사슬뜨기를 2코 합니다.

3 같은 코에 코바늘을 넣어 미완성의 긴뜨기를 2코 뜹니다. 긴뜨기 코는 맨 처음 사슬뜨기한 길이에 맞춰 주세요. 왼쪽의 바늘에서 원래 코(파란 색)를 빼냅니다.

4 코바늘에 실을 걸어 3코(긴뜨기를 끝까지 뜨지 않았으므로 바늘에 걸린 실은 5코)를 빼냅니다. 코의 뿌리 부분을 손가락으로 누르면 잡기 쉬워집니다.

5 이어서 사슬뜨기로 1코 뜹니다. 이 1코를 원래의 대바늘에 걸면 구슬뜨기 완성입니다.

6 마지막의 사슬코를 구슬뜨기 실로 뜨는가(좌) 바탕색 실로 뜨는가(우)에 따라 다음 단에 구슬뜨기의 색이 달라지고, 따라서 보이는 모습이 달라집니다.

102페이지의 튤립은 구슬뜨기 부분이 대바늘 3코 5단 구슬뜨기

28페이지의 업&다운 민들레는 긴뜨기 2코 구슬뜨기.

Lesson 6 라트비안 브레이드 뜨는 법

두 가지 색이 교차되어 만드는 무늬가 특징입니다. 두 가지 색 실을 준비해주세요.
더블 라트비안 브레이드로 설명합니다.

1 라트비안 브레이드의 전 단을 겉뜨기로 두 가지 색을 번갈아가며 뜹니다.

2 실을 앞으로 두고 안뜨기 합니다.

3 다음 색도 같은 요령으로 실을 앞으로 두고 안뜨기 합니다.

4 3번째 코는 흰색이므로 흰색의 실을 빨간색 실의 아래로 보내서 왼쪽으로 가져옵니다.

5 3번째 코를 안뜨기 합니다. 너무 빡빡하지 않도록 뜨는 것이 포인트입니다.

6 4번째 코는 빨간색이므로, 빨간색의 실을 흰색 실의 아래를 통해 왼쪽으로 보내 안뜨기 합니다.

7 2가닥의 실이 꼬이기 쉬우므로 뜨면서 꼬임을 풀어주세요.

8 2색의 실을 번갈아가며 서로의 아래로 통과시켜 안뜨기를 반복합니다. 끝까지 뜹니다. 1단의 라트비안 브레이드는 여기에서 완성입니다.

9 다음 단은 평면뜨기이므로 안면이 보이게 뒤집어 겉뜨기 합니다. 이 때에도 전 단과 같은 요령으로 실을 앞의 실의 아래쪽을 통해 왼쪽으로 보내 뜹니다.

10 전 단과 같은 색으로 2가지 색을 번갈아가며 뜹니다. 원통뜨기할 때에는 겉면만을 보면서 뜨게 되므로 안뜨기로 앞 실의 위를 통해 떠 주세요.

11 끝까지 뜨면 더블 라트비안 브레이드가 완성됩니다. 1단이면 비스듬하게, 2단이면 옆으로 누운 V자 모양이 연달아 있는 것처럼 보입니다.

Lesson 7. 트리니티 스티치 뜨는 법

102페이지의 올록볼록한 무늬를 뜨는 법입니다.

1 먼저 1단을 안뜨기 합니다.

2 2번째 단은 안면으로 뒤집어서 1코 안뜨기하고 2번째 코부터는 3코를 떠넣어 늘립니다. 겉뜨기, 안뜨기(왼쪽 바늘에서 실을 빼내지 않고) 합니다.

3 3번째 코는 실을 뒤쪽으로 보내서 같은 코에 겉뜨기 합니다. 한 코에 겉·안·겉뜨기가 되어 3코가 되었습니다.

4 다음 코는 안뜨기로 왼코 위 3코 모아뜨기 합니다. 오른쪽의 바늘을 3코에 한 번에 넣어서 안뜨기로 1코 뜹니다.

5 3코로 코늘림, 왼코 위 3코 모아뜨기를 반복하여 끝까지 뜹니다.

6 겉면으로 뒤집어서 1단 가터뜨기를 끝까지 뜹니다.

7 여기까지 3단을 떴습니다.

8 4번째 단의 1코를 안뜨기로 뜨고, 안뜨기로 왼코 위 3코 모아뜨기 합니다. 오른쪽 바늘을 3코에 한번에 넣어 안뜨기로 1코 뜹니다.

9 다음에는 3코로 늘리기 합니다. 한 코에 겉·안·겉뜨기로 뜹니다. 4번째 단에서 2번째 단과 순번이 반대가 되어 왼코 위 3코 모아뜨기, 3코로 늘리기 순입니다.

10 이로써 4단(1세트)를 떴습니다. 이 4단 1 세트를 반복합니다.

올록볼록한 입체적인 무늬가 완성되었습니다.

Lesson 8 — 스모킹 스티치와 매듭 뜨기 뜨는 법

실을 감거나 덮어씌워 가로로 실이 걸리는 무늬를 뜨는 법입니다.

7코 2바퀴 감기 스모킹

1 110페이지의 스모킹 꽃을 뜹니다. 스모킹을 뜬 뒤 안뜨기로 3코 뜹니다.

2 여기부터 스모킹 스티치입니다. 겉뜨기로 2코, 안뜨기로 3코, 겉뜨기로 2코 뜹니다.

3 뜬 7코를 꽈배기바늘로 옮깁니다.

4 옮긴 7코에 반시계방향으로 실을 2바퀴 감습니다.

5 2바퀴 감은 모습입니다. 실을 당기는 상태에 따라 모양이 달라지므로 너무 세게 당기지 않도록 해주세요.

6 꽈배기바늘에서 오른쪽 바늘로 7코를 옮깁니다.

7 감은 실이 되돌아가지 않도록 실을 당겨둡니다.

8 그대로 계속하여 다음 코를 뜹니다. 이로써 스모킹이 완성되었습니다.

6코 5바퀴 감기 스모킹 스티치와 자수. 케이블 무늬와 조합하면 보다 입체적인 무늬가 됩니다.

3코의 왼코에 꿰는 매듭

1 24페이지의 매듭을 뜨겠습니다. 처음에는, 오른쪽 바늘에 실을 걸어서 걸어뜨기를 합니다.

2 오른쪽의 바늘을 왼쪽의 바늘의 3번째 코에 넣습니다. 그대로 앞의 2코를 덮어씌워서 바늘에서 빼냅니다.

3 오른쪽 바늘에는 걸어코, 왼쪽 바늘에는 2코의 루프가 걸린 상태입니다.

4 루프가 걸린 2코를 한 코씩 겉뜨기로 뜹니다.

5 걸어코의 부분에는 구멍이 생긴 상태가 됩니다.

6 반복하여 완성합니다.

Lesson 9 메리야스 스티치 수놓는 법

배색뜨기를 하지 않더라도 이후에 색이나 무늬를 더할 수 있습니다.

1 꽃의 중앙에 화심을 수놓습니다. 자수바늘에 실을 꿰어 안면의 건너는 실을 가르며 통과시킵니다. 이렇게 하면 실이 빠지는 것을 방지합니다.

2 수놓으려는 코의 아래 가운데로 바늘을 빼내어서 위의 코의 좌우를 가로질러 바늘을 넣어 당깁니다.

3 1의 아래 중심에 바늘을 넣어 실을 당깁니다.

4 이로써 1코 수놓았습니다.

5 이어서 수를 놓을 때에는 같은 요령으로 코의 아래 중심에서 바늘을 빼내어 위 코에 넣습니다.

6 화심을 수놓았습니다. 작은 부분이라면 배색뜨기 보다 메리야스 스티치가 편리합니다. 안면의 실을 가르듯 통과시켜 실 정리를 합니다.

스와치끼리 꿰매는 법

숄, 가방 등을 만들 때에 스와치를 서로 연결하는 방법입니다.

1 스와치 2장을 준비합니다.

2 2장을 겉면끼리 마주대고 시침핀으로 고정합니다. 양 끝, 가운데, 그 사이의 길이를 맞춰 고정합니다.

3 사용한 대바늘보다 1호 작은 코바늘을 사용합니다. 1번째 단의 세로의 코에 코바늘을 넣습니다.

4 코바늘에 실을 걸어서 빼내고, 다시 실을 걸어서 빼뜨기 합니다.

5 다음 코에 코바늘을 걸어서 실을 빼내고, 다시 앞의 코도 빼뜹니다. 가터뜨기의 경우에는 2단에 한번씩 비어 있는 부분에 바늘을 통과시킵니다.

6 계속해서 꿰맵니다. 겉면은 체인 스티치, 안면은 백 스티치로 연결됩니다.

7 다 꿰매면 다리미질을 하여 시접을 갈라 평평하게 합니다.

How to make

작품 뜨는 법과 만드는 법

· 도안의 단위는 cm입니다.
· 완성된 작품은 도안의 치수와 차이가 있을 수 있습니다.
· 실은 제조사명, 상품명, 색번호, 색이름, 필요량의 순으로 표기했습니다.
· 게이지는 사방 10cm 안의 콧수와 단수를 표시합니다.
· 원통뜨기할 때에는 줄바늘을 사용해도 대바늘 4개를 사용해도 좋습니다.
· 재료는 충분한 분량을 기재했습니다. 그래도 조금 넉넉히 준비해 주세요.
· 핸드 워머 등은 1쌍입니다.
· 패턴의 기호 도안은 컬러 페이지도 참고해 주세요.
· 뜨는 법은 각 과정의 페이지도 참조해 주세요.

제도와 기호 도안에 대하여

· 기호 도안과 제도製図 모두를 게재했습니다.

【기호 도안】
기호로 표시한 그림으로 1칸이 1코 1단입니다. 뜨개 바탕을 겉면에서 본 모습의 기호입니다. 원통 뜨기로 뜨는 경우에는 계속 겉면을 바라보며 뜨기 때문에 기호 그대로 뜹니다. 왕복 뜨기(평면 뜨기)의 경우에는 뜨개 바탕을 뒤집어서 뜨므로 홀수 단은 겉면, 짝수단은 안면을 보면서 뜹니다. 겉면은 기호 그대로 뜨고, 안면은 기호의 반대가 되는 코(기호가 겉뜨기라면 안뜨기)로 떠 주세요. 같은 기호로 반복할 때에는 파선*으로 그림을 생략해 놓았습니다. 페이지가 나뉘는 부분에는 맞춤표로 이어지는 부분을 표시했습니다.

* 파선: 일정한 간격을 두고 짧은 선을 늘어 놓아 만든 선

【제도】

❶ 최초의 콧수와 사이즈, 원통으로 뜨는지 평면으로 뜨는지, 시작 콧수 등 시작하는 방법이 표기되어 있습니다.
❷ 뜨개 바탕의 종류와 사용바늘
❸ 시작 위치와 떠 나가는 방향
❹ ❺ 뜰 단수와 사이즈 ❹는 뜨개코나 실이 바뀌거나, 변화가 있는 부분마다 단수를 표시합니다.
❺ 전체를 통해 단수를 표기합니다.
❻ 원통뜨기를 할 경우에는 파선
❼ 늘림코나 줄임코의 반복을 표기했습니다. 아래부터 '1단마다 1코 줄이기를 8번 반복'이 됩니다. 이 그림에서는 단마다 '1코를 8번 줄인다'가 됩니다.
❽ 뜨개를 끝내는 방법. 코막음 방법을 표시합니다. 덮어씌우기 코막음은 대바늘로 해도 되고, 코바늘로 해도 됩니다.

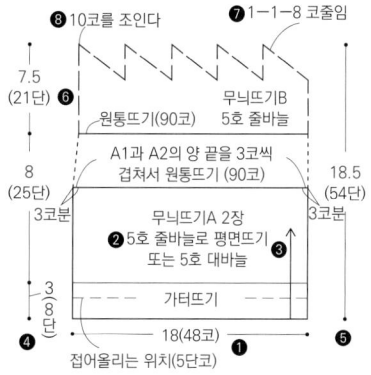

P.32 버터컵 카디건

완성 치수　너비 55×길이 39cm

▶ 도구와 재료

실
[퍼피] 브리티시 파인
#003 감색　250g
#066 노랑　45g
#080 연두　45g

기타
(선택) 미니 벨트여밈 부속 1쌍

바늘
대바늘 5호(3.6mm, 앞 몸판),
　4호(3.3mm, 뒤몸판, 소매, 옷단)
코바늘 2/0호

▶ 게이지
앞 몸판 26코×30단/10cm×10cm
뒤 몸판과 소매 30코×32단/10cm×10cm

▶ 만드는 법
① 일반 코잡기를 하여 도안대로 뜨고, 실 정리를 한 후 스팀다리미질을 한다.
② 앞 몸판 2매를 겉면끼리 마주대고 코바늘로 빼뜨기 잇기 한다.
③ 앞 몸판과 뒤몸판을 겉면끼리 마주대고 코바늘로 빼뜨기 잇기 한다. 소매를 같은 요령으로 꿰매고, 옆선을 코바늘로 꿰맨다.
④ 마무리로 스팀다리미질을 하여서 정리한다.
⑤ 취향에 따라 벨트나 단추를 단다.

※ 버터컵 도안은 13페이지 참조

【무늬뜨기 A 몸판 옷단&소맷부리】

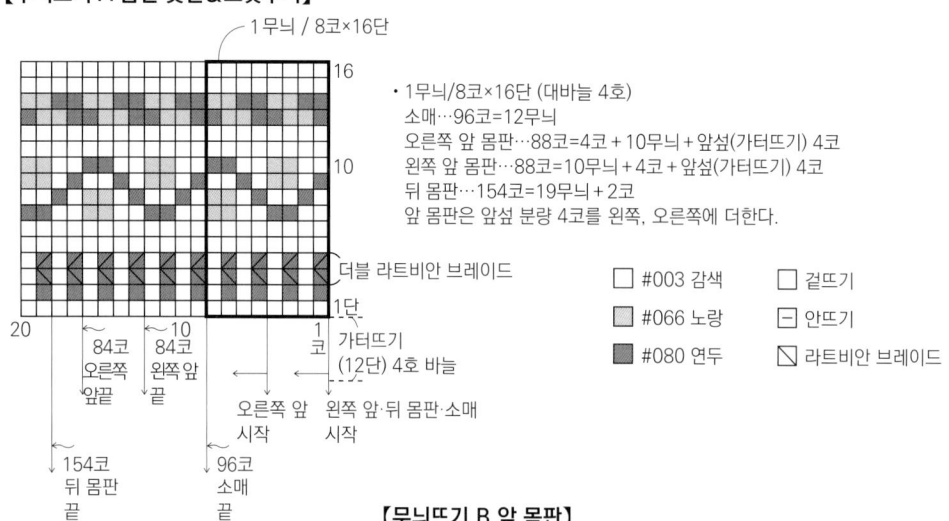

・1무늬/8코×16단 (대바늘 4호)
소매…96코=12무늬
오른쪽 앞 몸판…88코=4코 + 10무늬 + 앞섶(가터뜨기) 4코
왼쪽 앞 몸판…88코=10무늬+4코 + 앞섶(가터뜨기) 4코
뒤 몸판…154코=19무늬 + 2코
앞 몸판은 앞섶 분량 4코를 왼쪽, 오른쪽에 더한다.

□ #003 감색　□ 겉뜨기
□ #066 노랑　− 안뜨기
■ #080 연두　◨ 라트비안 브레이드

【무늬뜨기 B 앞 몸판】

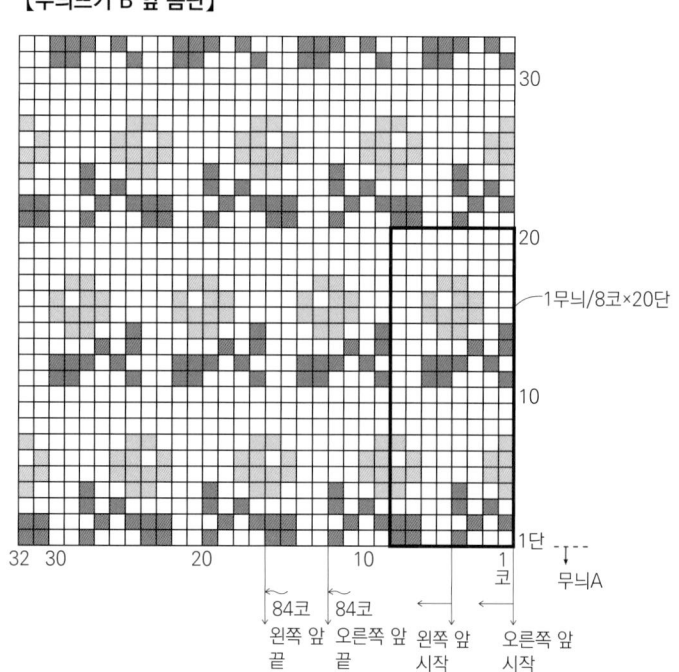

・1무늬/8코×20단(대바늘 5호)
왼쪽 앞 몸판…88코=10무늬+4코 +
　　　　　　　앞섶(가터뜨기) 4코
　　　　　　178단=8무늬 + 18단
오른쪽 앞 몸판…88코=10무늬+4코 +
　　　　　　　앞섶(가터뜨기) 4코
　　　　　　178단=8무늬 + 18단

【무늬뜨기 C 뒤 몸판과 소매】

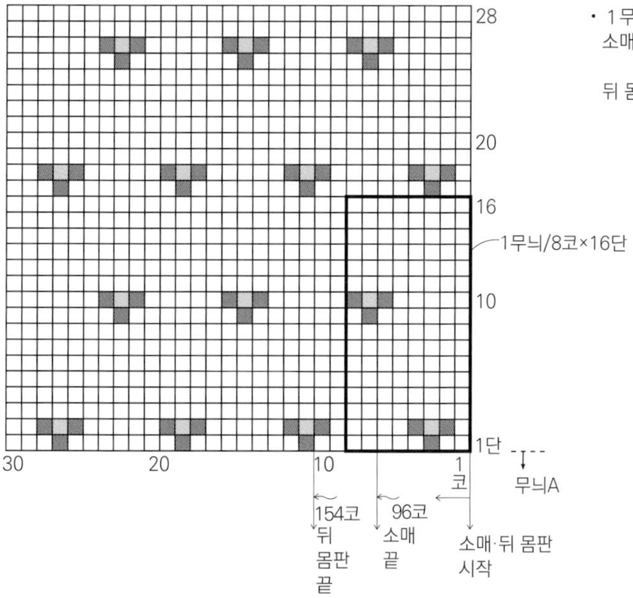

- 1무늬/8코×16단(대바늘 4호)
  소매…96코=12무늬
       126단=7무늬+14단
  뒤 몸판…154코=19무늬+2코
       110단=6무늬+14단

【가터뜨기】

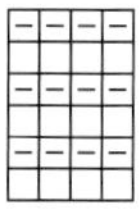

【전개도】

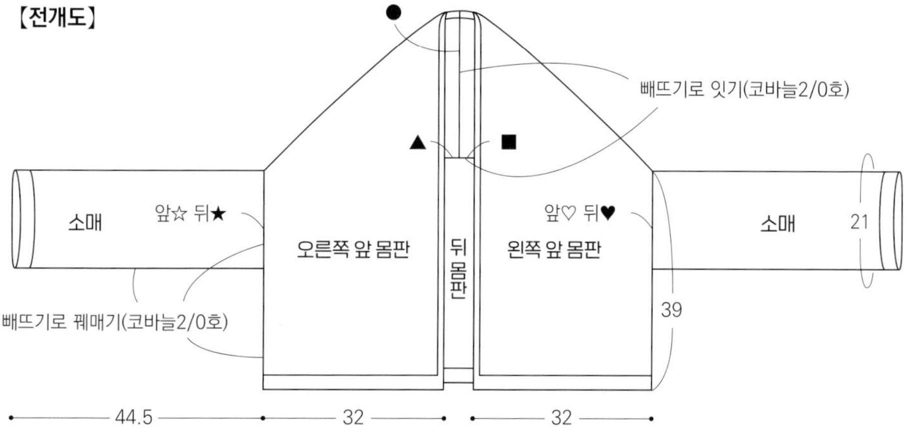

라트비안 브레이드(평면뜨기)

* 라트비안 브레이드는 두 가지 색의 실을 꼬아서 떠가므로 때때로 실의 꼬임(엉킴)을 풀어가면서 뜬다.

①
아래에서 실을 빼듯이 하여 안뜨기 한다

무늬뜨기 A를 2번째 단까지 뜨고, 3단째에는 그림과 같이 뜨개바탕을 앞쪽에 두고 연두(#080)와 바탕색 실 (#003)을 1코마다 아래에서 실을 빼듯이 보내서 안뜨기 한다.

② 아래에서 실을 빼듯이 하여 겉뜨기 한다

4단째(안면)에서 평면뜨기로 뜬다. 실을 뜨개바탕의 앞쪽에 둔 채로 실을 앞쪽의 실의 아래에서 빼듯이 보내서 겉뜨기로 뜬다.

겉면에서 보면 위 그림과 같은 무늬가 된다.

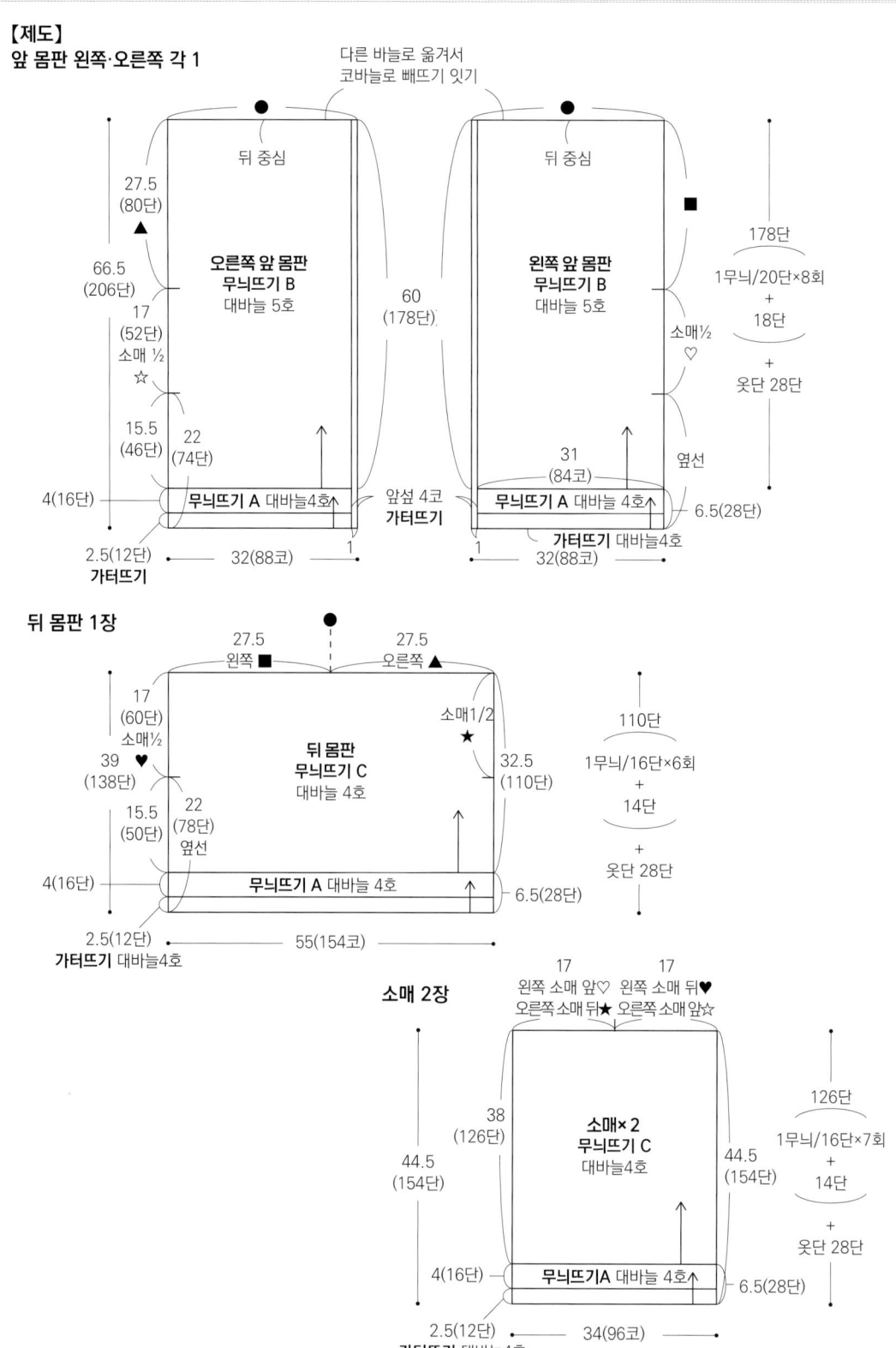

P.34 데이지 어깨숄

완성 치수 너비 64×길이 39cm

▶ 도구와 재료
실
[제이미슨스] 스핀드리프트
#105 연베이지 230g
#259 레프러콘 40g
　　　55cm×292개로 잘라 둔다
#188 셔벗 12g
#570 소르베 12g
#188과 #570은 꽃 자수용

※ 데이지 도안은 26페이지,
　뜨는 법은 27페이지 참조.

기타
노란색 계열 펠트 2가지 색
20×20cm, 각 2매

바늘
대바늘 4호(3.3mm)
코바늘 3/0호

▶ 게이지
28코×32단 /10cm×10cm

▶ 만드는 법
① 일반 코잡기를 하여 도안대로 뜨고, 뒤 몸판만 덮어씌우기 코막음한다. 실을 정리하고 스팀다리미질을 한다.
② 꽃 자수를 놓는다.
③ 앞 몸판 2매를 겉면끼리 마주대로 코바늘로 빼뜨기로 잇는다.
④ 앞 몸판과 뒤몸판을 겉면끼리 마주대고 코바늘로 빼뜨기 잇기 한다.
⑤ 진동 둘레를 남기고 옆선을 코바늘로 꿰맨다.
⑥ 세탁하여 건조한다.

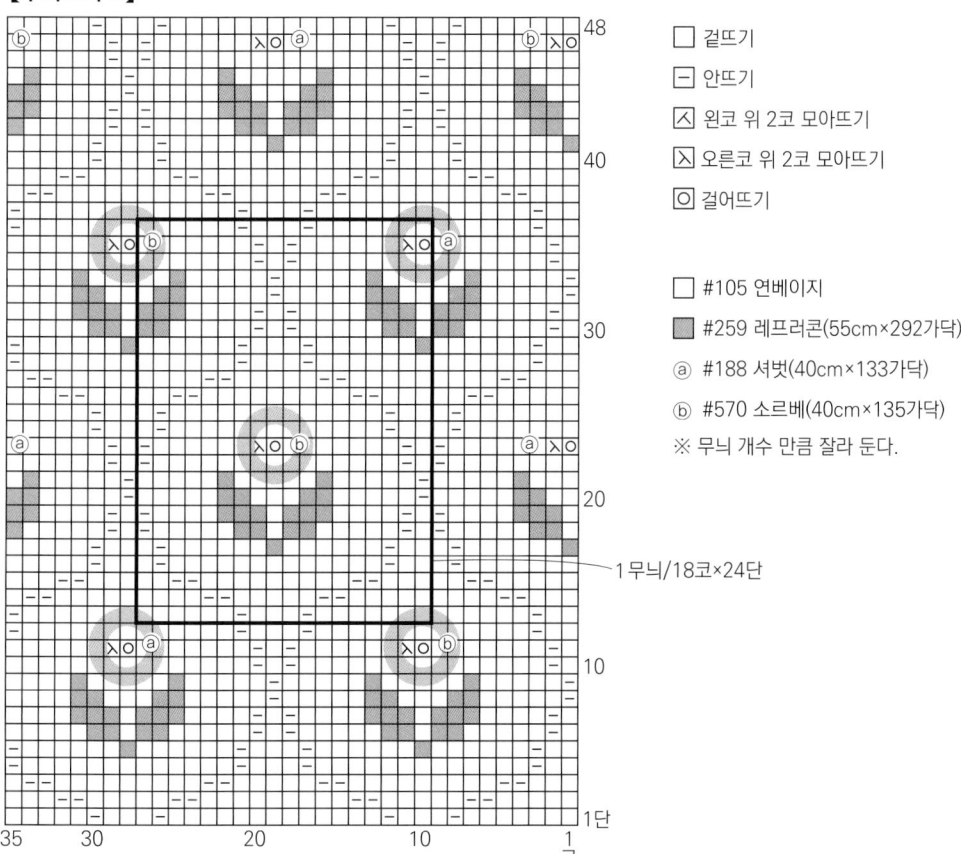

【데이지 자수】
① 한 변이 2~2.5cm인 펠트를 뜨개 바탕 꽃의 중심 안면 비침무늬에 맞춰서 꿰매 단다.
② 겉면을 보며 블랭킷 스티치로 수놓는다.
③ 펠트의 여분을 둥글게 잘라낸다.
※ 펠트는 수축이나 색빠짐이 있기 때문에, 미리 2~2.5cm로 잘라 미지근한 물에 넣어 비벼 빨아 말린 것을 사용한다.
※ 뜨개실을 꽃 하나에 필요한 길이(40cm정도)로 잘라두면 편리하다.

【기호 도안】

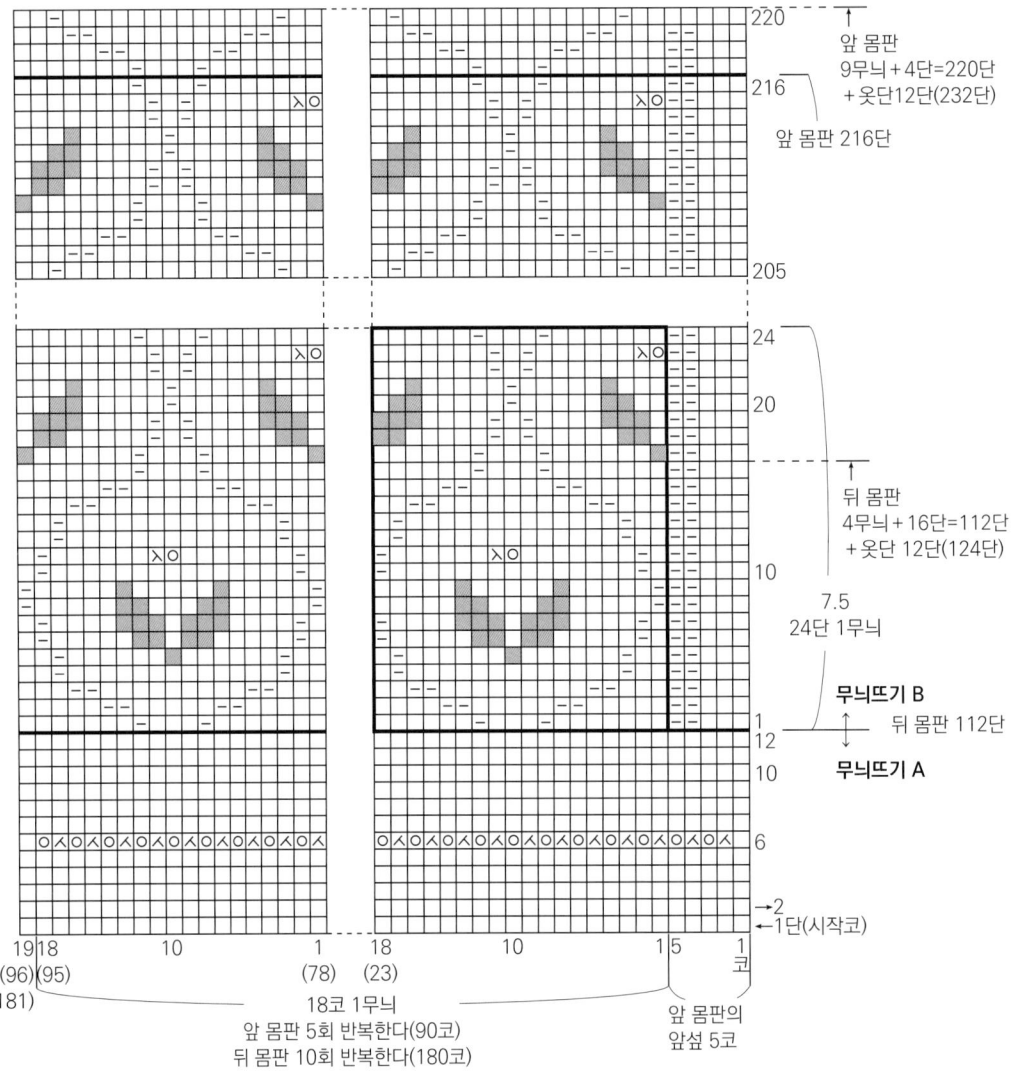

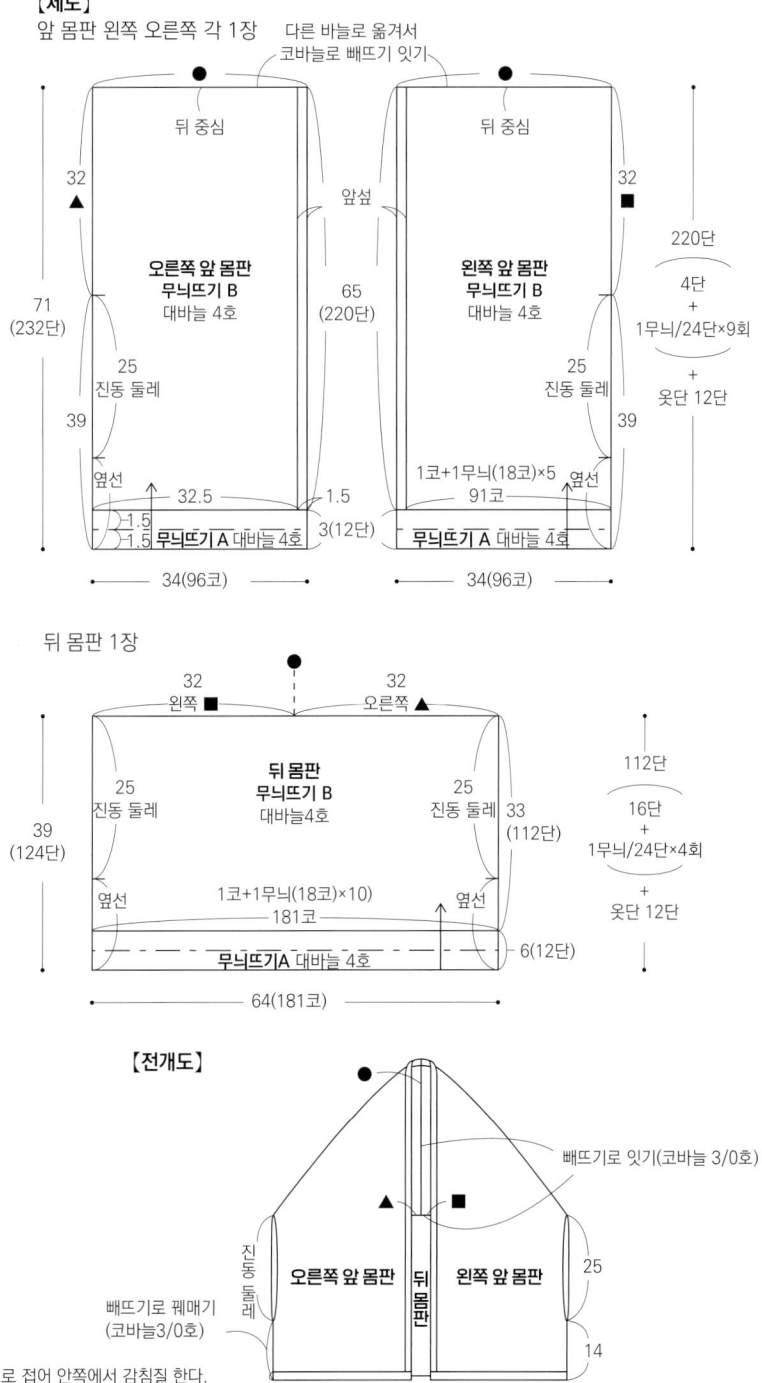

P.36 겨우살이 넥워머

완성 치수 목둘레 76×길이 26cm

▶ 도구와 재료

실
[퍼피] 브리티시 파인
#024 차콜그레이 60g
#080 연두 12g
　100cm×50개로 잘라 둔다
#091 피스타치오 6g
　45cm×50개로 잘라 둔다
[퍼피] 키드모헤어파인
#15 그레이 30g

※ #024와 #15로 2겹으로 뜬다.
※ 겨우살이 도안은 31페이지 참조.

기타
직경 5cm 싸개단추 1개
두꺼운 펠트 5×5cm
퀼트용 면 원단(접착 심지)5×5cm
두꺼운 종이 4.5×4.5cm
길이 3.5cm 브로치 핀 1개

바늘
대바늘 5호(3.6mm)
코바늘 4/0호
꽈배기바늘

▶ 게이지
24코×28단/10cm×10cm

▶ 만드는 법
① 일반 코잡기를 하여 도안대로 뜨고 덮어씌우기 코막음한다. 실을 정리하고 스팀 다리미질을 한다. 겉면에서 떠서 꿰매기를 하여 원통형으로 만든다. 위 아래에 테두리 무늬를 떠서 6단에서 안면으로 접어 감침질 한다.
② 스팀다리미질로 정리한다.
③ 브로치를 만든다. 도안대로 뜨고 덮어씌우기 코막음한다. 실을 정리하고 스팀 다리미질을 한다.
④ 퀼트용 접착 심지를 싸개단추에 붙인다.
⑤ 뜨개 바탕의 가장자리에 홈질을 하고 싸개단추에 겹쳐서 홈질의 실땀을 잡아당겨 조이며 무늬의 위치를 맞춘다.
⑥ 안면에 두꺼운 종이를 접착제로 붙인다.
⑦ 브로치핀을 펠트에 끼우고 두꺼운 종이 위에 펠트를 접착제로 붙인다.

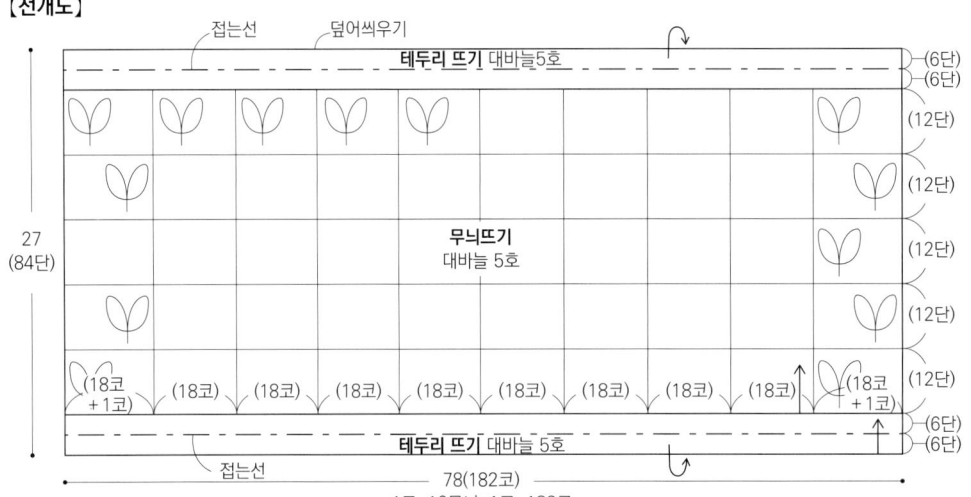

【마무리 방법】

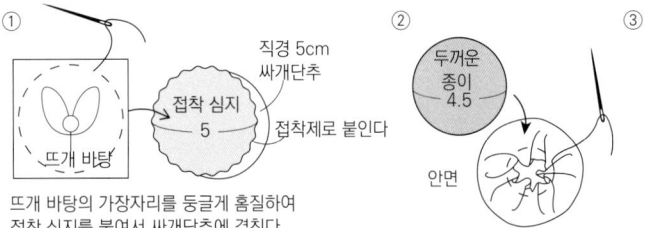

【브로치 만드는 법】

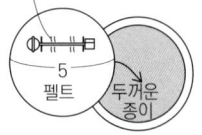

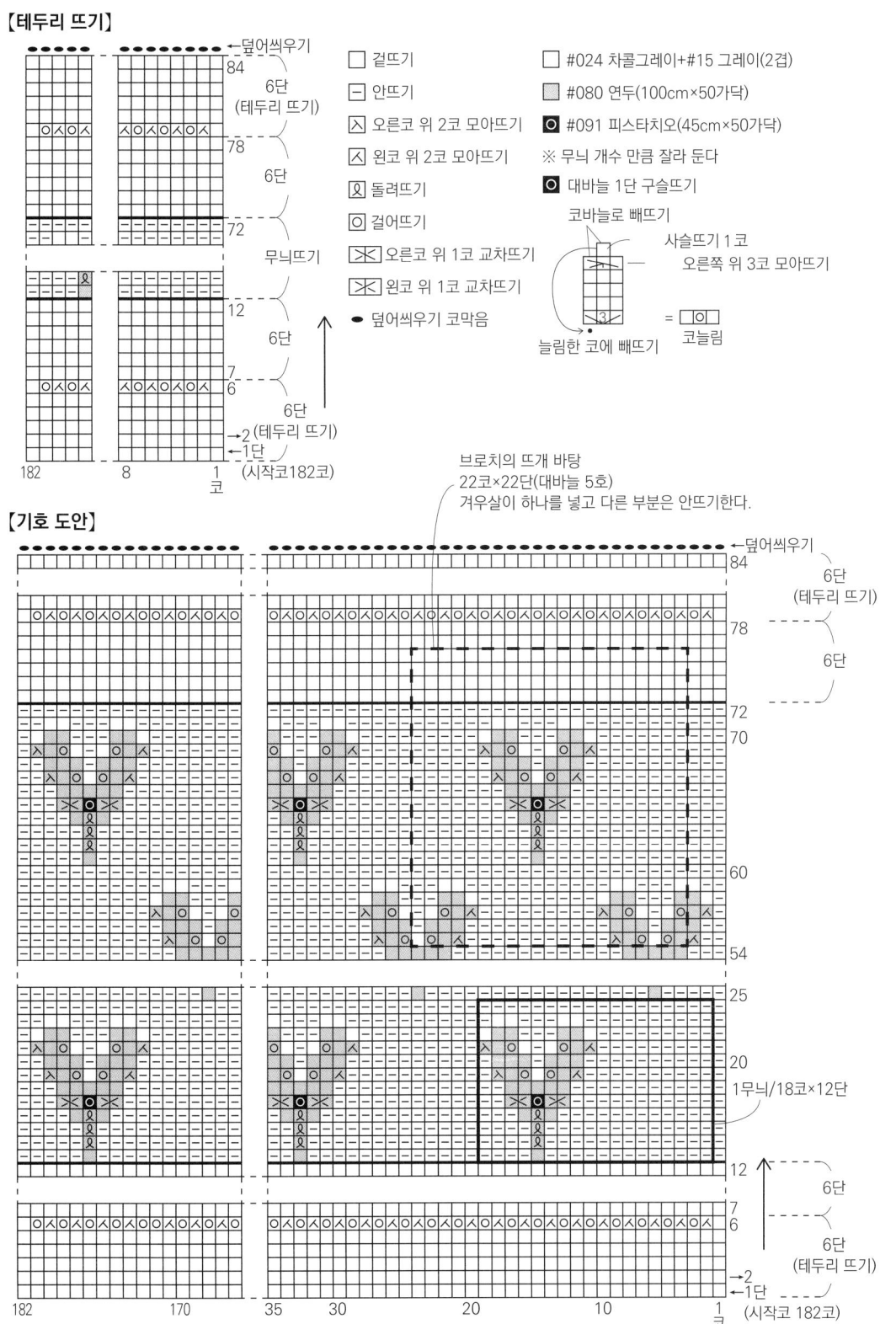

P.62 엉겅퀴 볼레로

완성 치수 길이 50cm, 뒤 중심에서 소맷부리 74cm

▶ 도구와 재료

실
[제이미슨스] 스핀드리프트
#665 차이나 블루 225g
#616 아네모네 8g
#599 조디악 16g
#769 버드나무 10g
#772 버디그리스 45g
  차이나 블루 이외의 실은 필요한 길이와 개수로 실을 잘라 둔다.
사슬뜨기용 보조실 적당량

바늘
80cm 줄바늘 5호(3.6mm)
대바늘 4호(3.3mm, 소맷부리)
코바늘 4/0호, 6/0호(사슬 코잡기용)

▶ 게이지
26코 × 31단/10cm × 10cm
소맷부리 무늬 28코 × 52단/

※ 엉겅퀴 뜨는 법은 47페이지 참조.

▶ 만드는 법
① 사슬코로 코잡기 하여 본체 2매를 도안대로 뜨고 실을 정리하고 스팀 다리미질 한다.
② 소맷부리를 뜬다. 보조실의 사슬을 풀어 바늘에 꿰고 도안대로 뜨고 덮어씌우기 코막음한다. 실을 정리하고 스팀 다리미질 한다.
③ 2매를 겉면끼리 마주대고 겹쳐서 코바늘로 빼뜨기하여 잇는다.
④ 소매를 겉면끼리 마주대지도록 길이로 반 접어, 표시까지 코바늘로 꿰맨다(128페이지 참조).
⑤ 칼라를 뜬다.
⑥ 세탁하여 건조한다.

【도안】
본체 좌우 2장

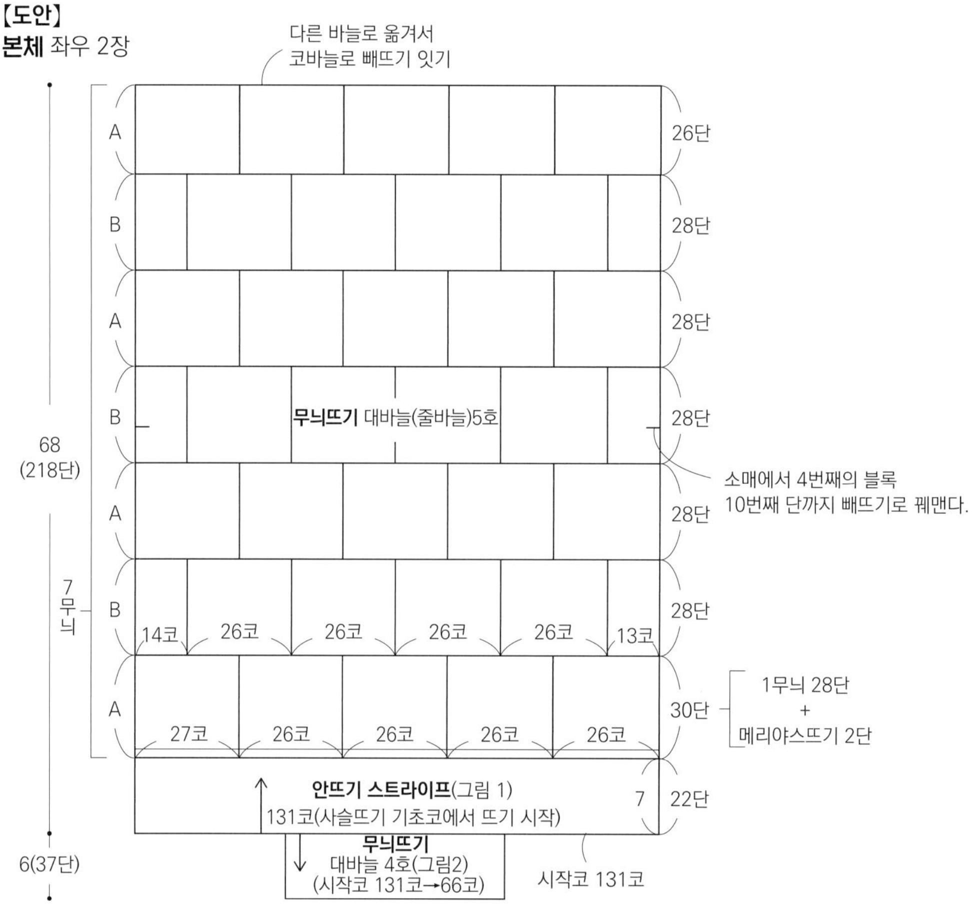

다른 바늘로 옮겨서 코바늘로 빼뜨기 잇기

A 26단
B 28단
A 28단
B 28단 — 무늬뜨기 대바늘(줄바늘)5호
A 28단 — 소매에서 4번째의 블록 10번째 단까지 빼뜨기로 꿰맨다.
B 28단
A 30단 — 1무늬 28단 + 메리야스뜨기 2단

14코 26코 26코 26코 26코 13코
27코 26코 26코 26코 26코

68(218단)
7무늬

↑ 안뜨기 스트라이프(그림 1)
131코(사슬뜨기 기초코에서 뜨기 시작)

무늬뜨기
↓ 대바늘 4호(그림2)
(시작코 131코→66코)

7 22단
시작코 131코

6(37단)

【전개도】

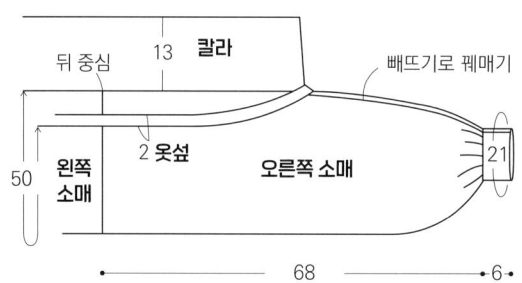

뒤 중심 13 칼라   빼뜨기로 꿰매기
        2 옷섶
50 왼쪽 소매   오른쪽 소매   21
        68   6

【칼라 뜨는 법】

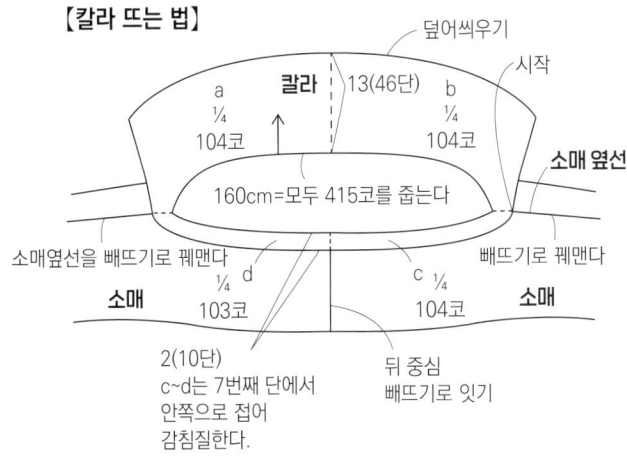

① 겉면을 앞쪽으로 하여 160cm=415코를 줍는다.
 그대로 줄바늘로 1코 고무뜨기를 6단 뜬다.
② 7번째 단은 옷단의 c와 d 207코를 왼코위 모아뜨기+
 걸러뜨기(人〇)로 뜬다. (人〇×103회+1코)
 a와 b는 1코 고무뜨기로 뜬다.
 8·9번째 단은 a~d 모두 1코 고무뜨기, 10번째 단은
 c와 d의 206코를 덮어씌우기 코막음한다. (옷단이 되므
 로 너무 느슨하지도 빡빡하지도 않도록 주의한다.)
 남은 1코는 a+b에 더한다.
③ 여기부터 평면뜨기로 뜬다. (줄바늘로 평면뜨기) 11번째
 단에서 【칼라 도안】대로, 칼라의 좌우에서 1코 안쪽에서
 코를 줄여가며 46번째 단까지 뜨고, 다음의 단에서 모든
 코를 덮어씌워 코막음한다.(손땀 주의)
 ※ 덮어씌우기는 코바늘을 사용해 칼라의 모양을 보며
  한다. 한 번에 잘 되지 않으면 조심스럽게 풀어내어
  다시 한 번 해 본다. 마무리의 중요한 부분이 된다.
④ 스팀다리미질을 하여 정리한다.

【무늬뜨기 도안】

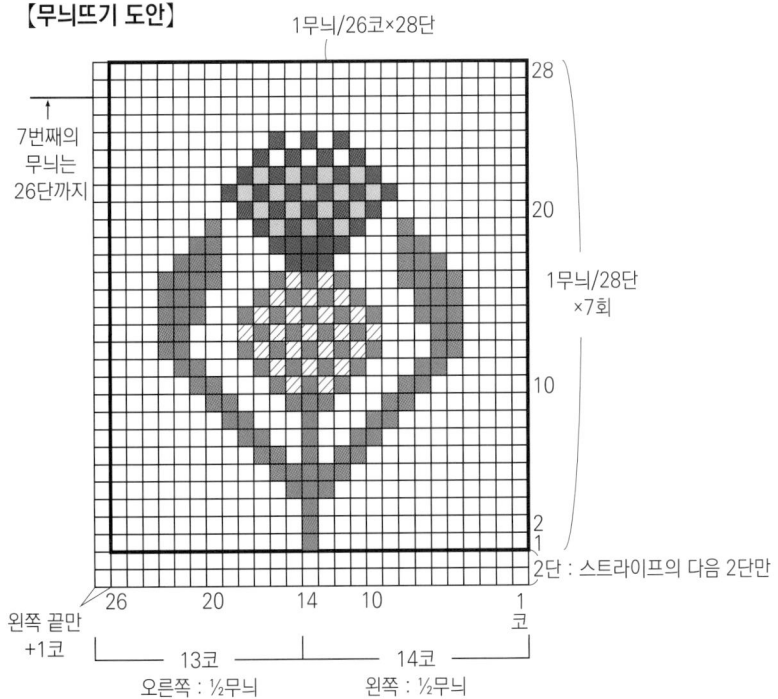

【소매의 스트라이프 도안 (도안1)】

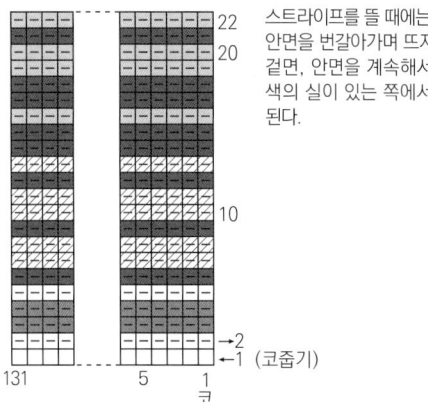

스트라이프를 뜰 때에는 겉면, 안면을 번갈아가며 뜨지 않고 겉면, 안면을 계속해서 다음 색의 실이 있는 쪽에서 떠도 된다.

【소맷부리의 걸러뜨기 (도안2)】

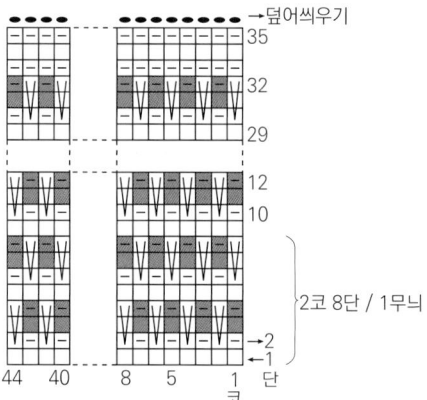

【소맷부리 뜨는 법】

① 보조실의 사슬코를 풀면서 바늘에 꿴다.
② 131코를 바탕색 실로 전부 왼코 위 2코 모아뜨기 하고, 남은 1코는 겉뜨기로 떠서 66코로 줄인다.
③ 다음 단에서 1코 건너서 안면에서 오른코 위 2코 모아뜨기 (안뜨기)를 하여 44코로 줄인다.
④ 도안(도안 2)대로 32단(8단 4무늬) 뜨고, 가터뜨기를 3단 뜬다. 다음 단에서 안면을 보며 덮어씌우기 코막음한다. 실을 정리하고 스팀다리미질을 한다.

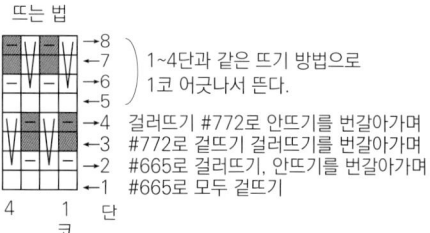

뜨는 법

1~4단과 같은 뜨기 방법으로 1코 어긋나서 뜬다.
걸러뜨기 #772로 안뜨기를 번갈아가며
#772로 겉뜨기 걸러뜨기를 번갈아가며
#665로 걸러뜨기, 안뜨기를 번갈아가며
#665로 모두 겉뜨기

【칼라 도안】

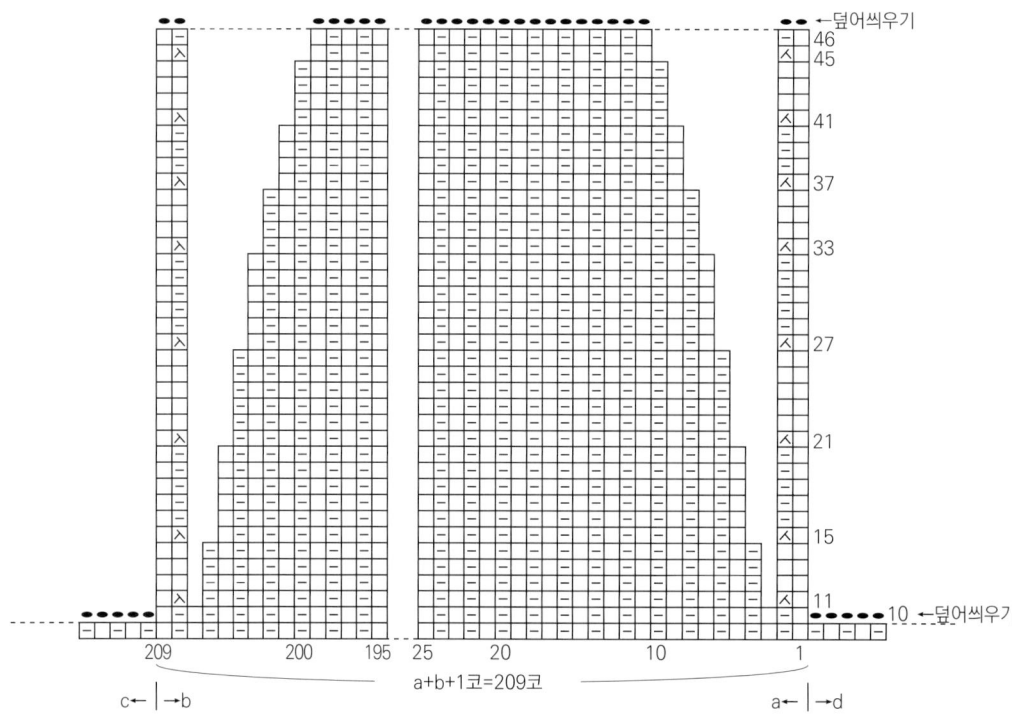

P.78 체리 가방

완성 치수　너비 43×높이 27×깊이 9cm

▶ 도구와 재료

실
[퍼피] 알바
#1082 라이트 베이지　120g
#5139 빨강　50g
　120cm×92개로 잘라 둔다
#1185 녹색　35g
　55cm×92개로 잘라 둔다

※ 체리 도안은 69페이지, 뜨는 법은 71페이지 참조.

기타
접착 심지 60×45cm
안감용 원단(안주머니 분량 포함)90cm×45cm
너비 1cm 그로그랭 리본(빨강) 120cm
길이 3cm 대나무 모양 단추 1개
안쪽 너비 16.5cm 대나무 손잡이 1쌍

바늘
대바늘 5호(3.6mm)
코바늘 3/0호, 5/0호

▶ 게이지
28코×32단/10cm×10cm

▶ 만드는 법
① 일반 코잡기를 하여 도안대로 뜨고 덮어씌워 코막음한다. 실을 정리하고 스팀다리미질한다.
② 뜨개 바탕을 겉면끼리 마주대고 옆선, 바닥 모서리를 입구에서 8cm 아래까지 코바늘로 빼뜨기하여 꿰맨다.
③ 안주머니를 만들어 안감에 꿰매 달고, 안면에 접착 심지를 붙인다. 안감의 옆선과 바닥 모서리를 꿰매고 양옆과 입구를 접어 뒤집어 꿰맨다.
④ 뜨개 바탕의 주머니에 안감을 넣고, 입구에서 창구멍까지 꿰맨다. 안감의 입구를 홈질하여서 조이고 뜨개 바탕의 고무뜨기 첫 단에 꿰매 단다.
⑤ 손잡이에 접착 심지를 감아서 꿰매 달고 손잡이 고리로 말아서 고무뜨기 첫 단에 꿰매 단다. 양 옆을 꿰매 고정한다.
⑥ 더블 체인을 떠서 안쪽에 꿰매 달고 반대쪽에 대나무 모양 단추를 단다. 그로그랭 리본을 안쪽에 주름을 감추듯이 꿰매 단다.
⑦ 장식용 잎을 떠서 단다.

【전개도】

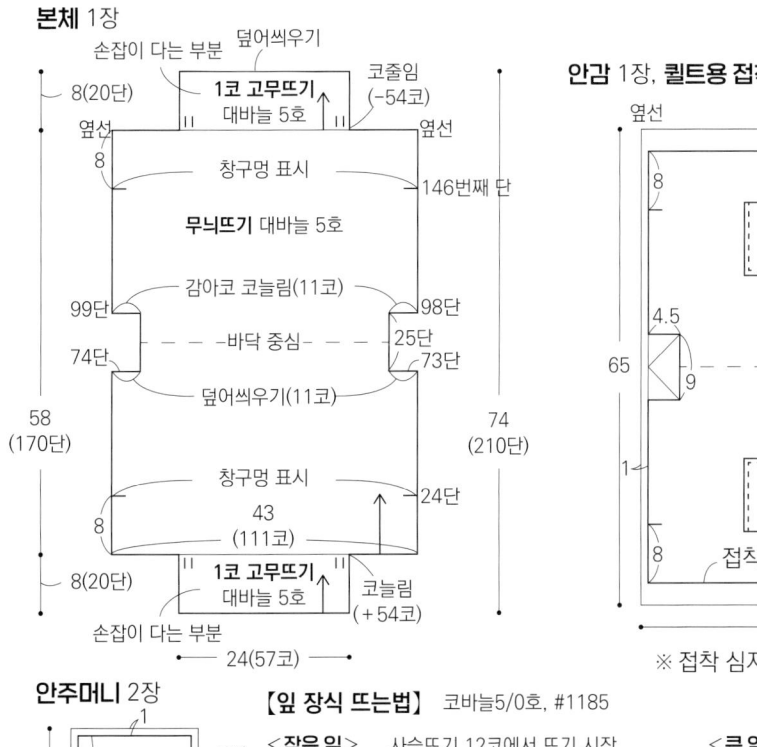

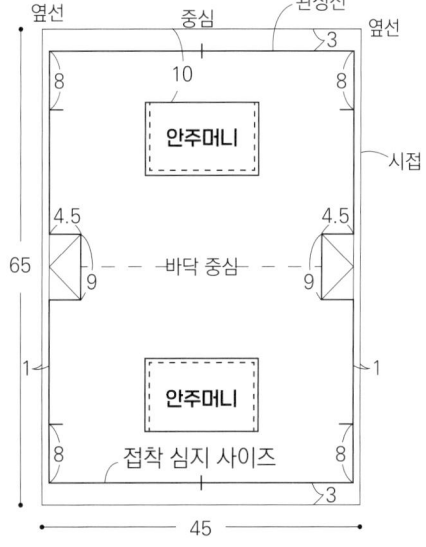

※ 접착 심지는 완성선대로 자른다

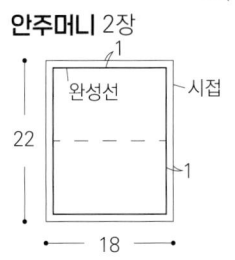

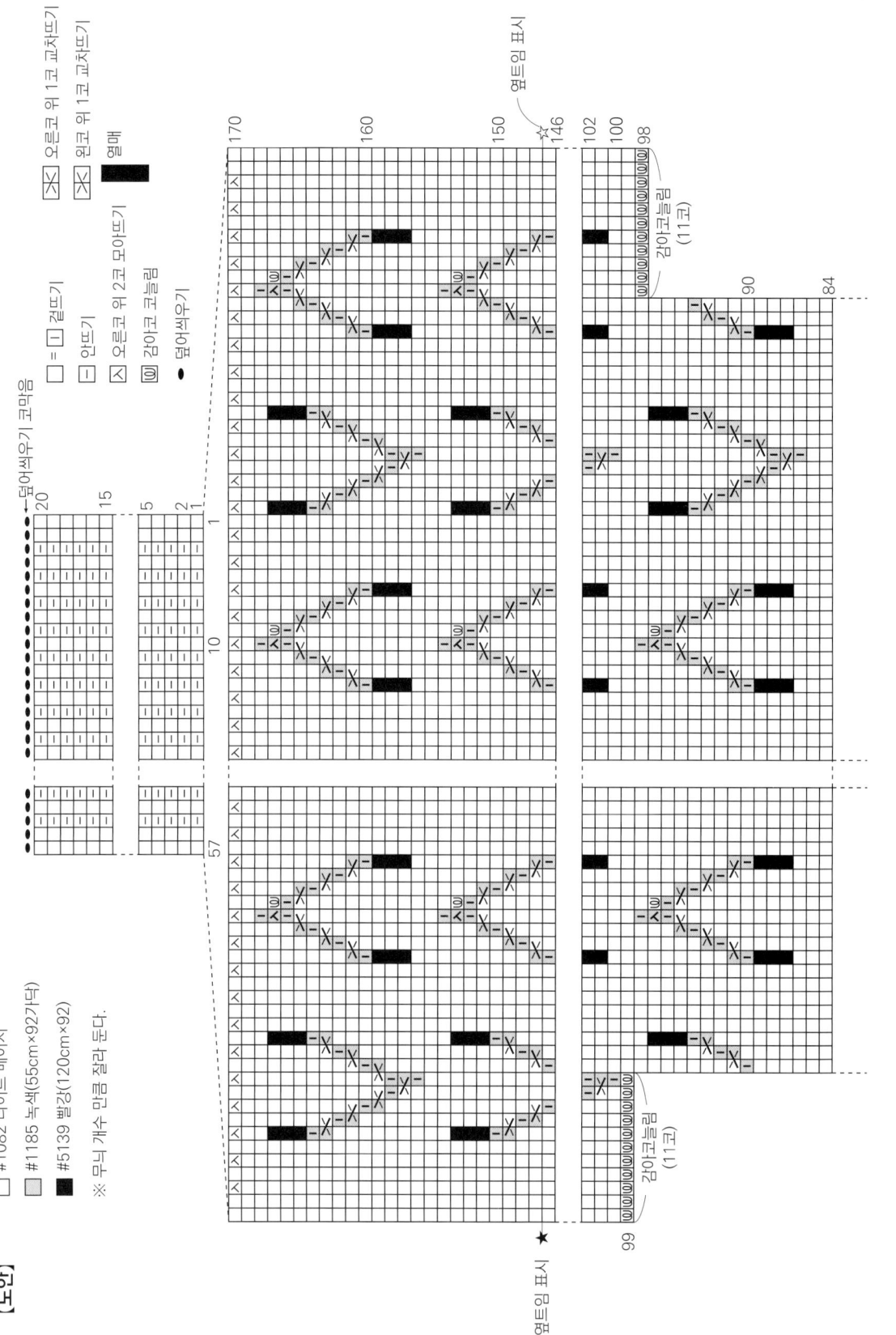

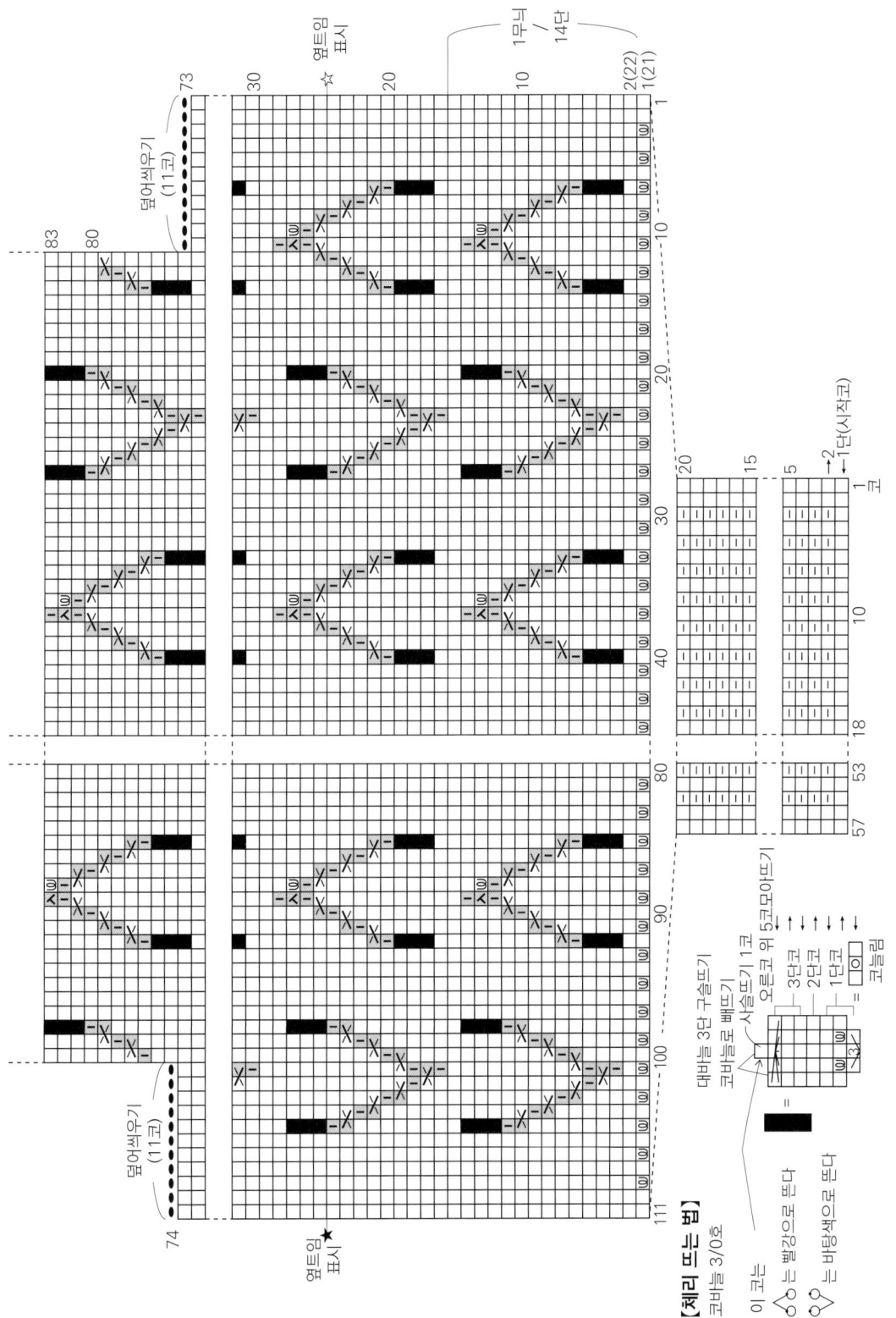

【가방 마무리 방법】

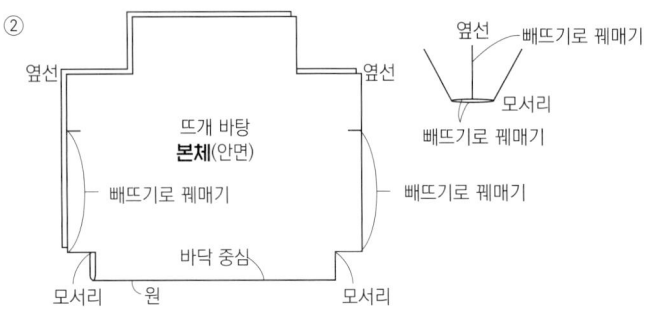

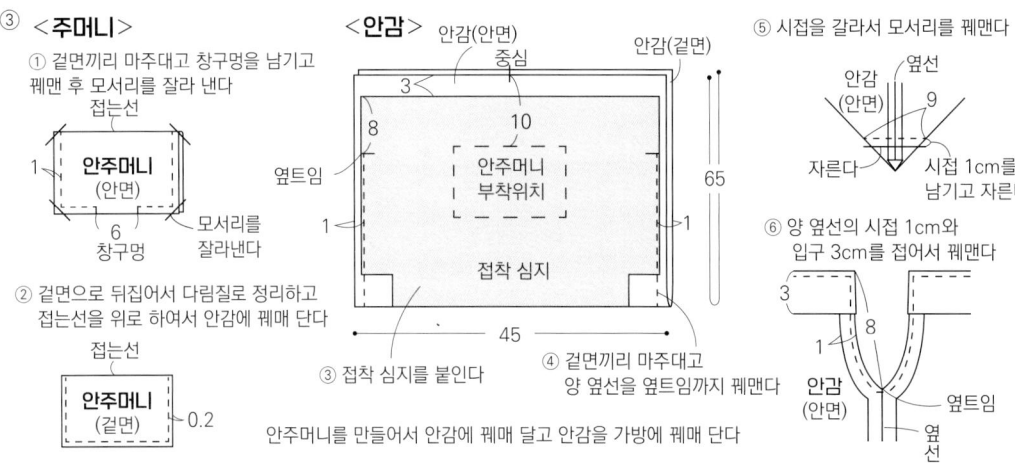

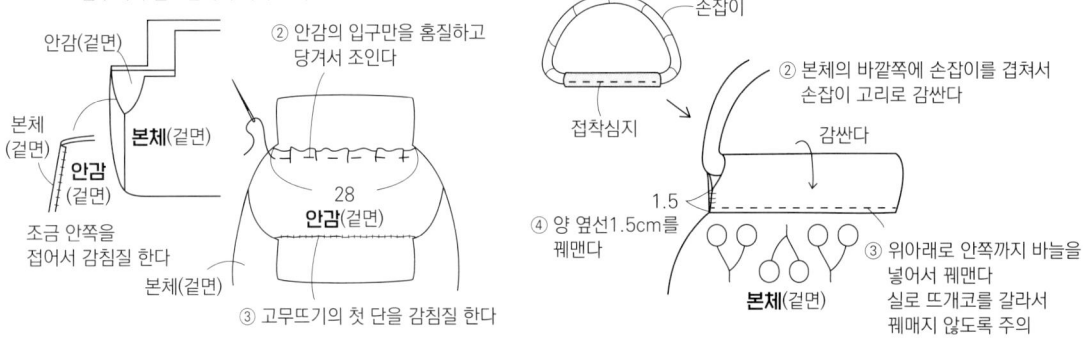

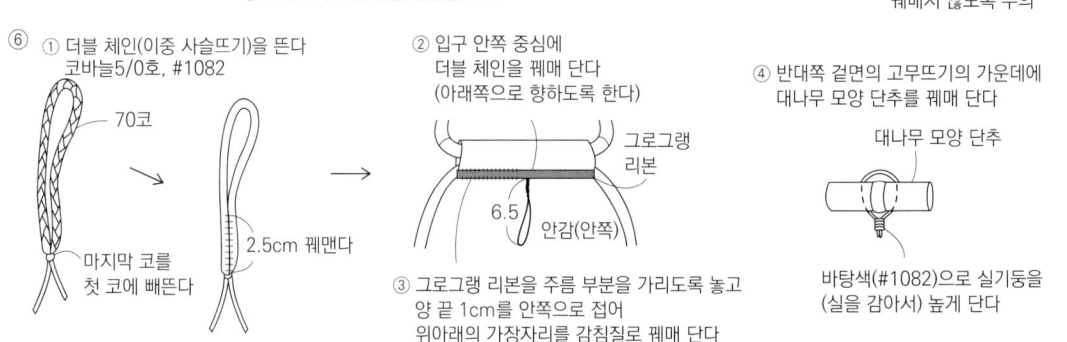

P.116 레이디스 망토

완성 치수 길이 40cm, 소맷부리~소맷부리 104cm

▶ 도구와 재료

실
[퍼피] 뉴 2PLY
#260 노랑   95g
[퍼피] 키드모헤어파인
#51 레온 옐로   95g
[퍼피] 브리티시 파인
#086 네온 옐로   3g
사슬뜨기용 실   적당량

※ 기호 도안:
비침 무늬 105페이지,
스모킹 111 페이지참조.

바늘
80cm 줄바늘 5호(3.6㎜)
60cm 줄바늘 4호(3.3㎜), 5호
대바늘 4호, 5호
코바늘 4/0호, 6/0호(사슬뜨기용)
꽈배기바늘

▶ 게이지
20코×29단/10cm×10cm

▶ 만드는 법
① 사슬코로 코잡기를 하여 도안대로 본체를 86단 뜨고, 87번째 단에서 좌우로 80코씩 나누어 도안대로 뜬다. 156번째 단까지 뜨면 좌우를 함께 뜬다.
② 계속해서 소맷부리를 뜨고 덮어씌우기 코막음한다. 또 다른 쪽의 소맷부리는 사슬코를 풀면서 코에 바늘을 꿰어 도안대로 뜨고 덮어씌우기 코막음한다.
③ 목둘레에서 160코를 주워 도안대로 칼라를 뜬다. 실을 정리하고 스팀다리미질한다.
④ 소맷부리와 목둘레에 자수를 놓는다.
⑤ 소맷부리를 겉면끼리 마주대고 뉴 2PLY 실을 코바늘 4/0호로 빼뜨기하여 꿰맨다.
⑥ 스팀다리미질을 하여 정리한다.

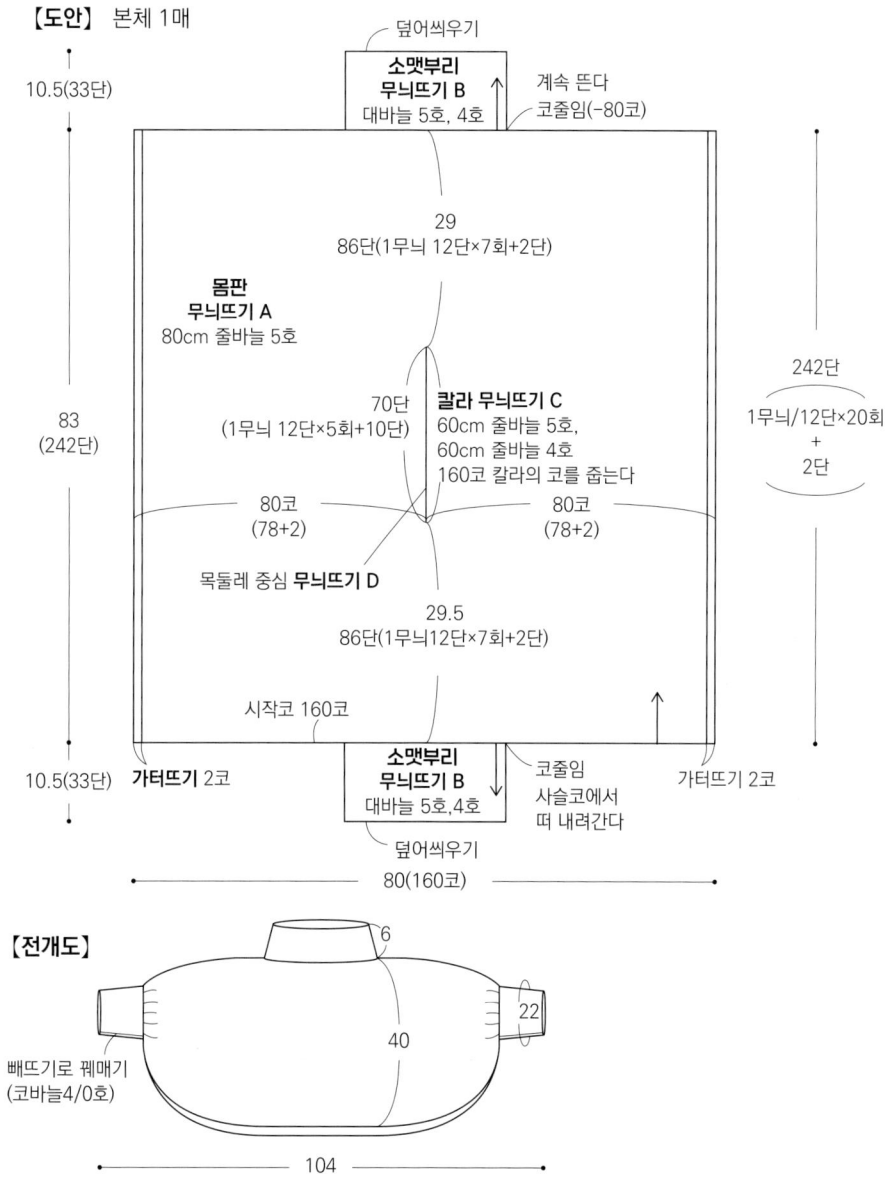

【무늬뜨기 도안 A 몸판】 80cm 줄바늘 5호

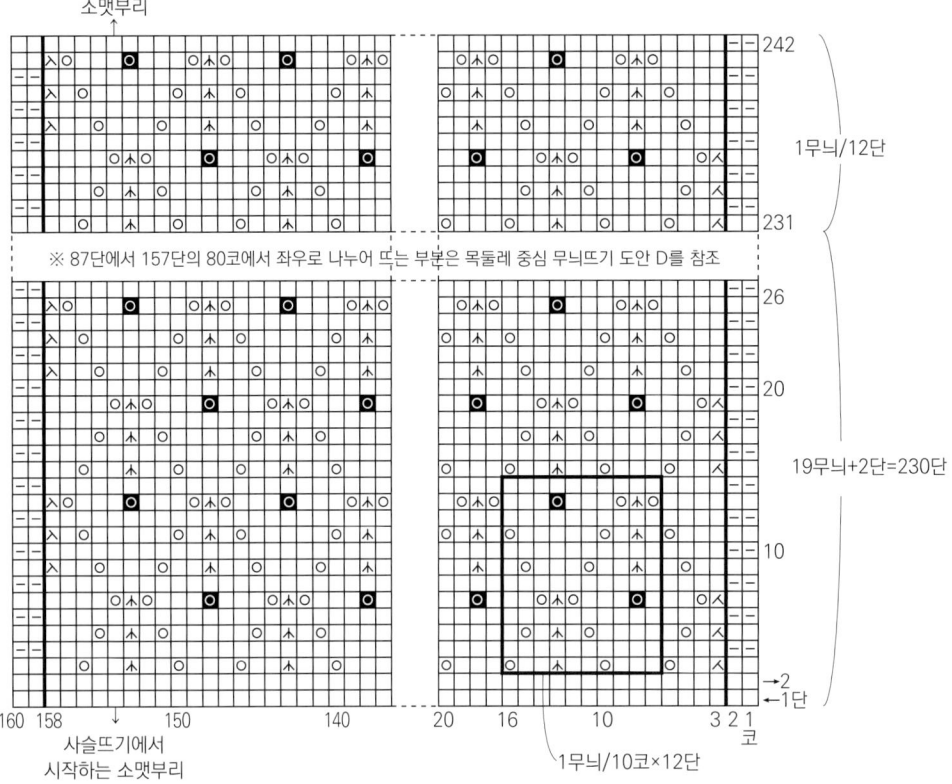

【무늬뜨기 도안 B 소맷부리】 대바늘 5호, 대바늘 4호, 꽈배기바늘

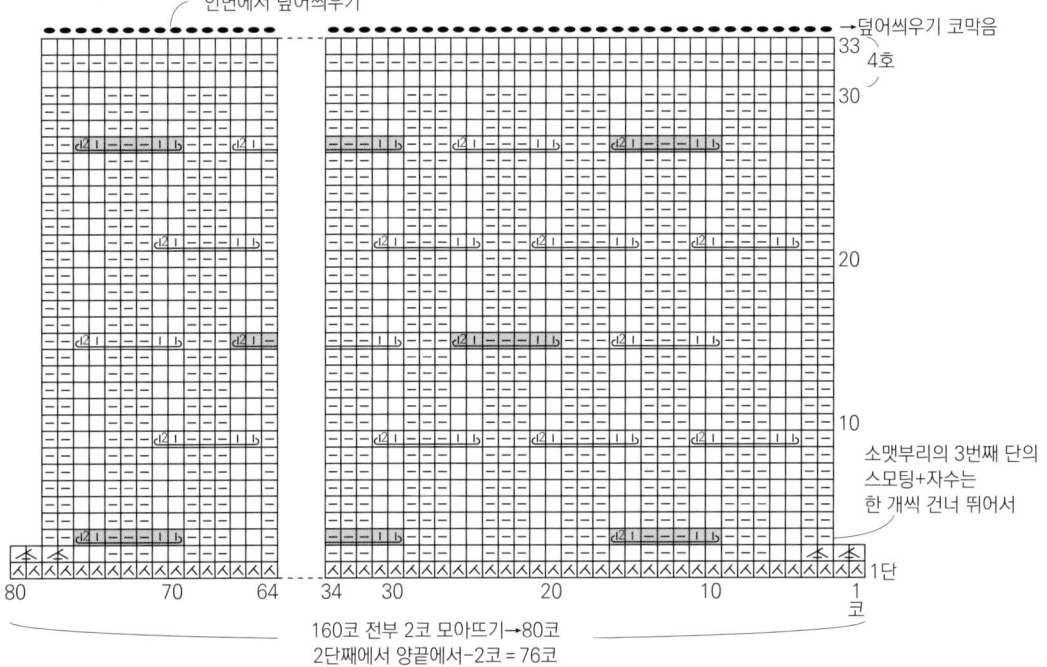

【무늬뜨기 도안 C 칼라】 60cm 줄바늘 5호, 60cm 줄바늘 4호, 꽈배기바늘

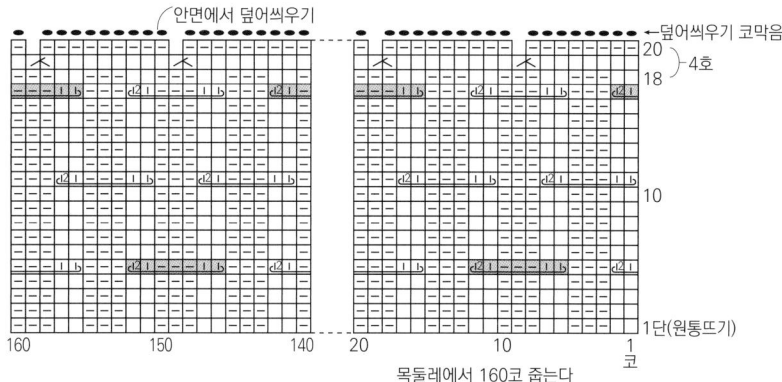

【무늬뜨기도안 D 목둘레 중심】

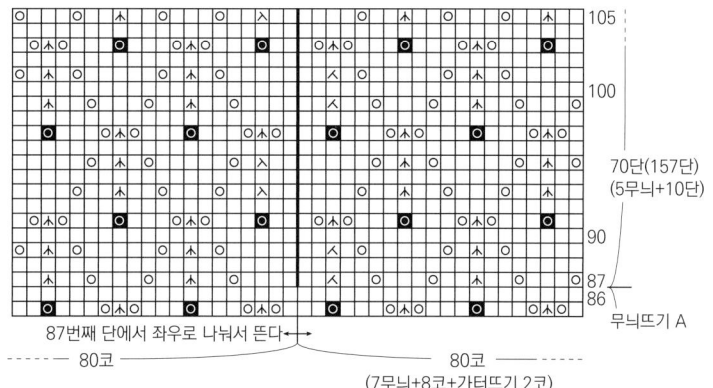

□ = ① 겉뜨기
─ 안뜨기
⊼ 오른코 위 2코 모아뜨기
⊼ 왼코 위 2코 모아뜨기
○ 걸어뜨기
⋏ 중심 3코 모아뜨기
⊼ 왼코 위 2코 모아뜨기(안뜨기)

◉ 대바늘 1단 구슬뜨기

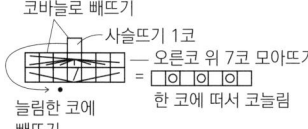

코바늘로 빼뜨기
사슬뜨기 1코
오른코 위 7코 모아뜨기
한 코에 떠서 코늘림
늘림한 코에 빼뜨기

= ○○○○

d2 ┃ ─ ─ ─ ┃ b 2바퀴 감기 스모킹
d2 ┃ ─ ─ ─ ┃ b 2바퀴 감기 스모킹+자수

스모킹 위에
브리티시파인 #086으로
프렌치 노트 스티치(2바퀴 감기)×5

P.98 티 코지와 티 매트

완성 치수　티 코지 높이 17cm, 둘레 41cm　티 매트 13×14cm

▶ 도구와 재료

실
· 티 코지
[제이미슨스] 스핀드리프트
#104 내추럴 화이트　10g
#259 레프러콘　5g
#665 블루벨　6g
#655 차이나 블루　6g
#880 Coffee　4g
#188 셔벗　3g

· 티 매트
[제이미슨스] 스핀드리프트
#104 내추럴 화이트　3g
#259 레프러콘　4g
#665 블루벨　1g
#880 Coffee　1g
#188 셔벗　2g

기타
두꺼운 펠트 15×15cm
폼폼(방울) 메이커 35mm

바늘
대바늘 5호(3.6㎜)
40cm 줄바늘 5호(3.6㎜)
코바늘 3/0호

▶ 게이지
26코 × 30단 / 10cm × 10cm

※ 토끼 도안은 91 페이지 참조.

▶ 만드는 법
· 티 코지
① 일반 코잡기를 하여 도안대로 24단까지 2장을 뜬다. 25번째 단에서 두 장의 양 끝을 3코씩 겹쳐서 도안대로 뜬다. 남은 10코에 실을 통과시켜 조인다. 실을 정리하고 스팀다리미질한다.
② 양 옆 끝에서 8단을 겉면에서 떠서 꿰맨다. 5번째 단에서 안쪽으로 접어 감침질 한다.
③ 폼폼을 만들어 꿰매 달고 자수를 놓는다.
④ 실 정리를 하고 세탁하여 건조한다.

· 티 매트
⑤ 일반 코잡기를 하여 도안대로 뜨고 덮어씌워 코막음 한다.
⑥ 뜨개 바닥에 맞춰 펠트를 자르고, 뜨개 바닥의 안면에 겹쳐서 뒤집어 꿰매 단다.
⑦ 가장자리를 블랭킷 스티치로 수놓는다.
⑧ 세탁하여 건조한다.

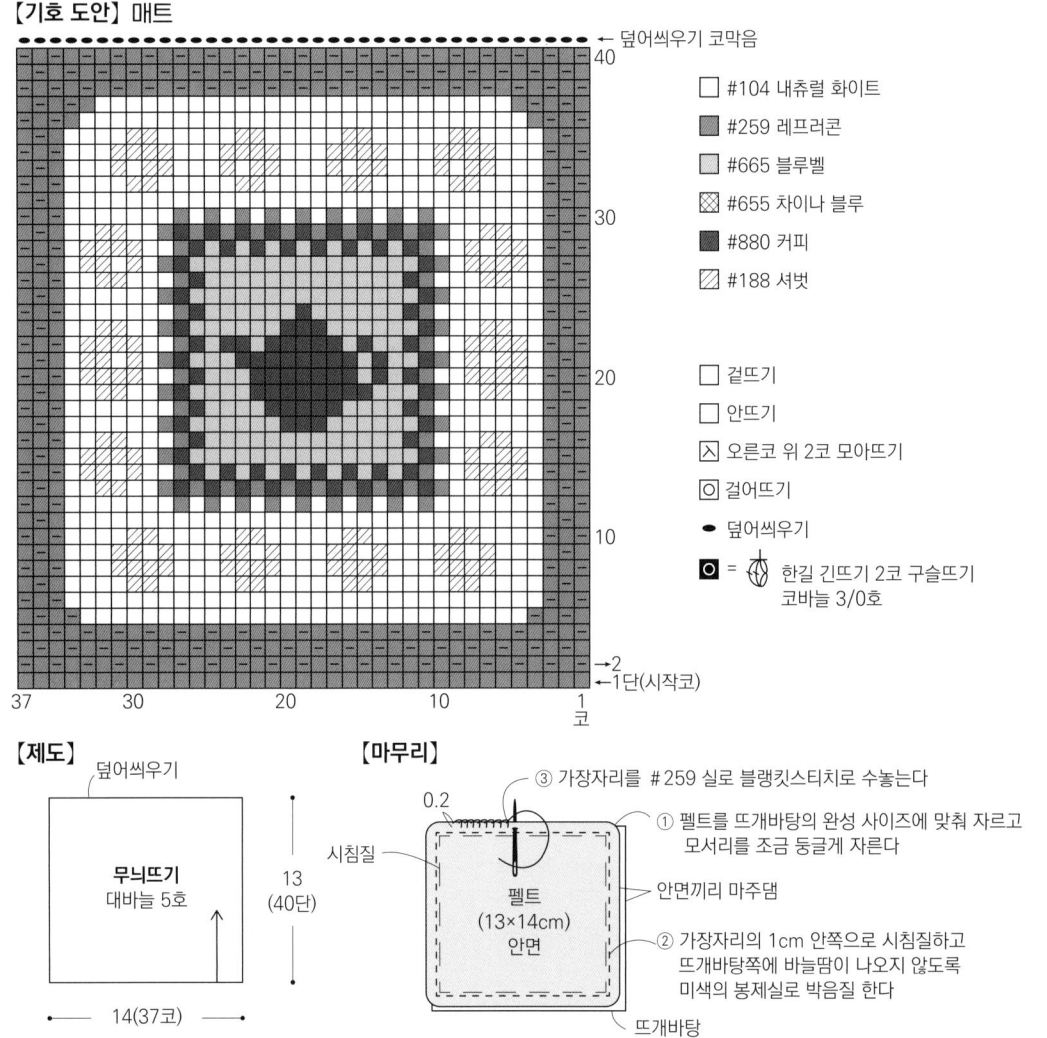

【기호 도안】 티 코지

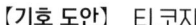

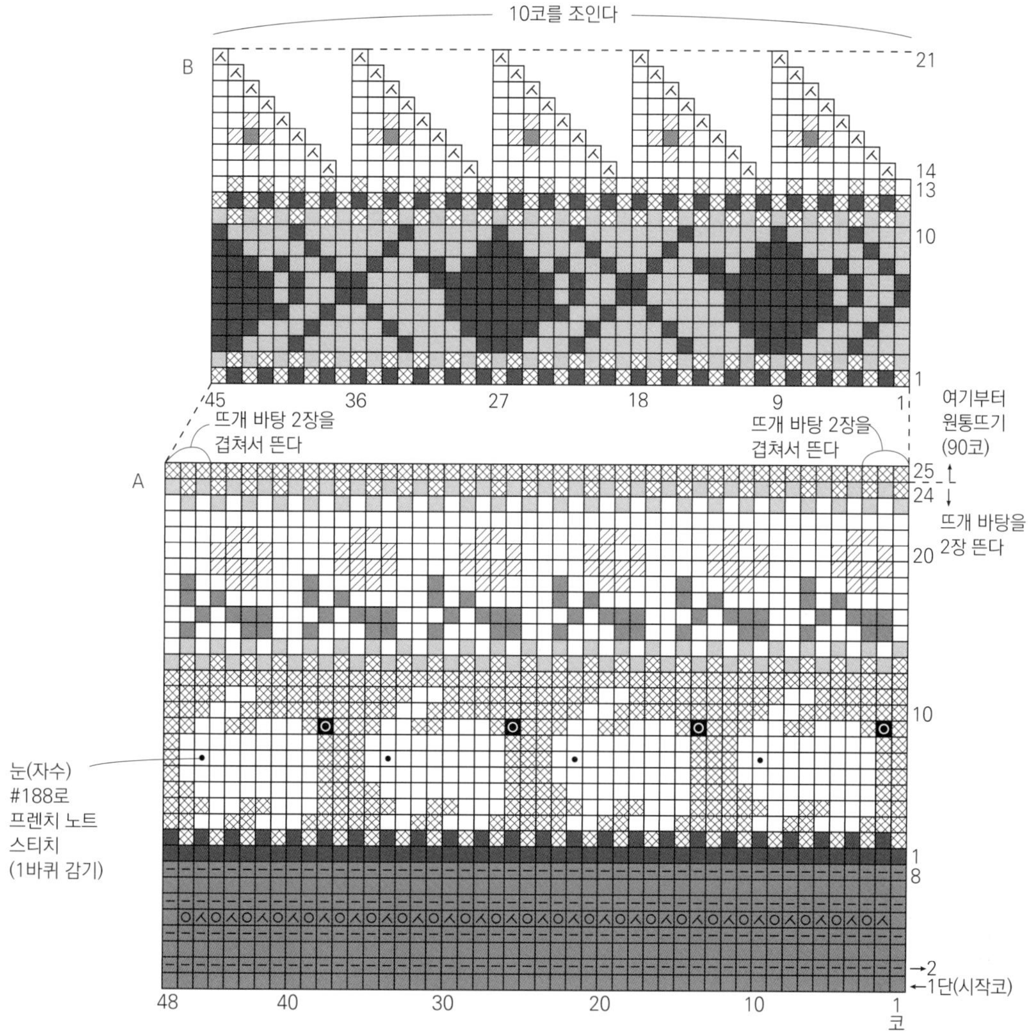

10코를 조인다
B
21
14
13
10
1
45
36
27
18
9
1
여기부터
원통뜨기
(90코)
뜨개 바탕 2장을
겹쳐서 뜬다
뜨개 바탕 2장을
겹쳐서 뜬다
A
25
24
뜨개 바탕을
2장 뜬다
20
10
눈(자수)
#188로
프렌치 노트
스티치
(1바퀴 감기)
1
8
2
1단(시작코)
48
40
30
20
10
1
코

【제도】

10코를 조인다
1−1−8 코줄임
7.5
(21단)
무늬뜨기 B
줄바늘 5호
원통뜨기(90코)
A 2장의 양 끝을 3코씩
겹쳐서 원통뜨기 (90코)
8
(25단)
18.5
(54단)
3코분
3코분
무늬뜨기 A 2장
줄바늘(대바늘) 5호
평면뜨기
3
(8단)
가터뜨기
18(48코)
접어올리는 위치(5단 째)

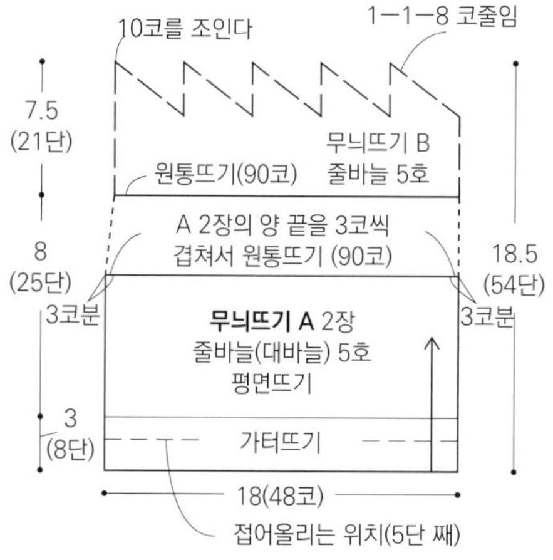

【마무리】

A1(48코)+A2(48코)−(3코×2)=90코
3코분
3코분
A 2
A 1
25단부터 원통뜨기
A1과 A2의 시작과 끝을 3코씩
겹쳐서 뜬다
96코−(3코×2)=90코가 된다
무늬뜨기 B를 원통뜨기로 뜬다
폼폼 메이커
3겹
(#104 2겹+#655 1겹)
3겹으로 40바퀴 감는다
모든 코에 실을
1바퀴 통과시켜
조인다
무늬 B
무늬 A
8
17
아랫단 양 끝 8단을 겉면에서
떠서 꿰매고 5번째 단에서 안쪽으로 접고
녹색 실로 감침질하여 고정한다
41

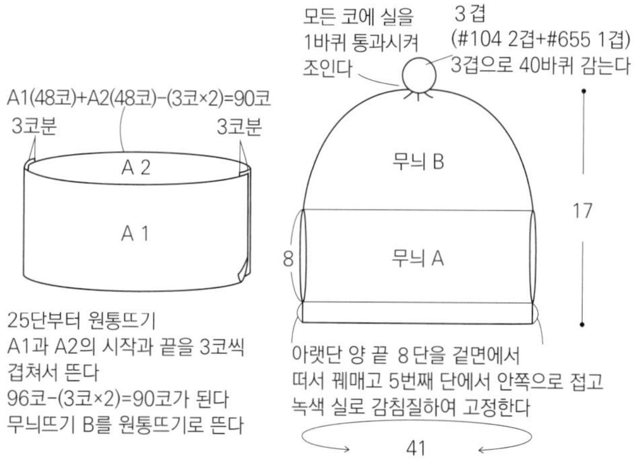

P.99 손목 워머

완성 치수 손목 둘레 21.5 × 길이 10cm

▶ 도구와 재료
실
· 버섯
[제이미슨스] 스핀드리프트
#103 Sholmit   10g
#500 스칼렛   4g
#104 내추럴 화이트   4g

· 비올라
[제이미슨스] 스핀드리프트
#105 연베이지   5g
#788 리프   1g
#410 옥수수밭   2g
#720 이슬방울   3g
#665 블루벨   1g
#616 아네모네   2g
#600 Violet   1g

바늘
짧은 줄바늘 3호(3.0mm)

▶ 게이지
32코 × 36단 / 10cm × 10cm

※ 버섯 도안은 17페이지,
비올라 도안은 87페이지 참조.

▶ 만드는 법
① 일반 코잡기를 하여 도안대로 뜨고 겉면에서 덮어씌우기 코막음한다. 실 정리를 하고 스팀다리미질한다.
② 세탁하여 건조한다.

【도안】 본체

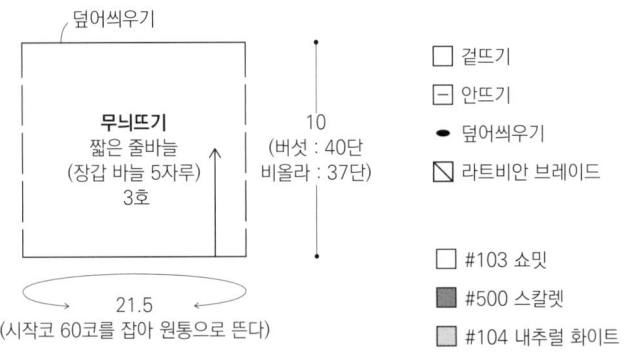

【기호 도안】 버섯

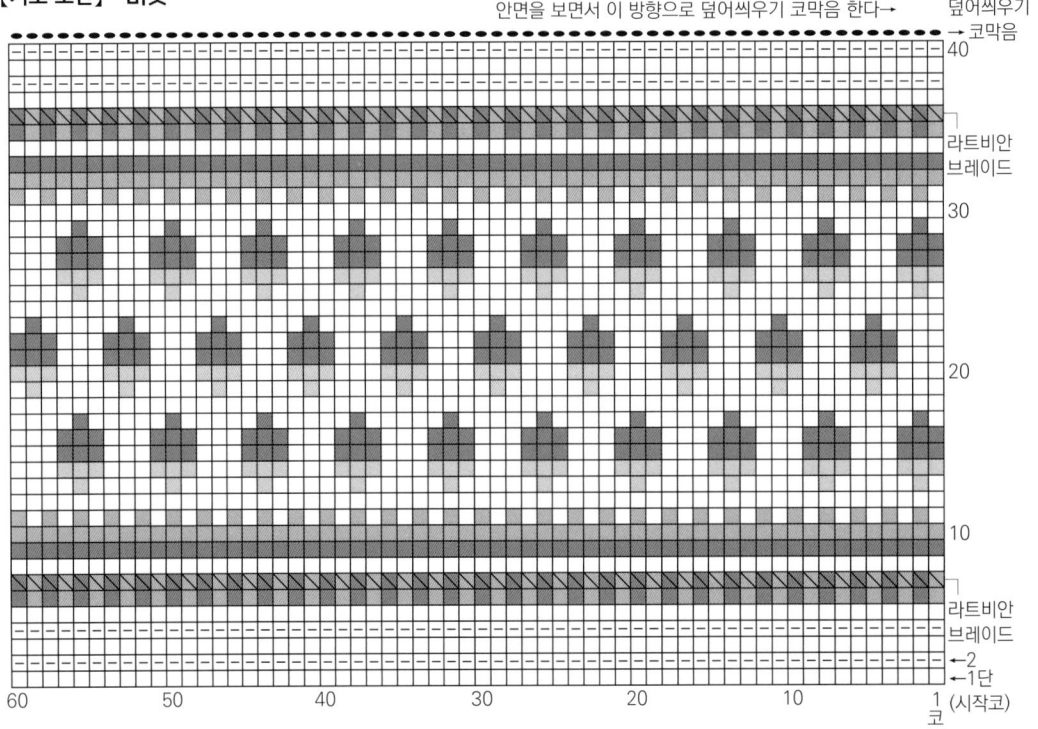

라트비안 브레이드

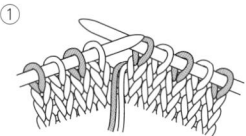
① 2가지 색을 번갈아가며 겉뜨기로 전 단을 뜨고 단의 끝에서 실을 2가닥 모두 앞으로 놓는다

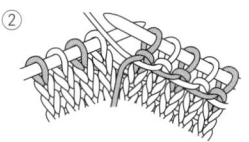
② 다음 단 (라트비안 브레이드)은, 1코마다 실을 아래에서 앞의 코의 다음 색 실로 내보내고 안뜨기한다

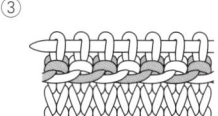
③

【기호 도안】
비올라

□ #105 연베이지 ▨ #410 옥수수밭
■ #788 리프   ▨ #616 아네모네
■ #665 블루벨   ▨ #600 보라
▨ #720 이슬방울

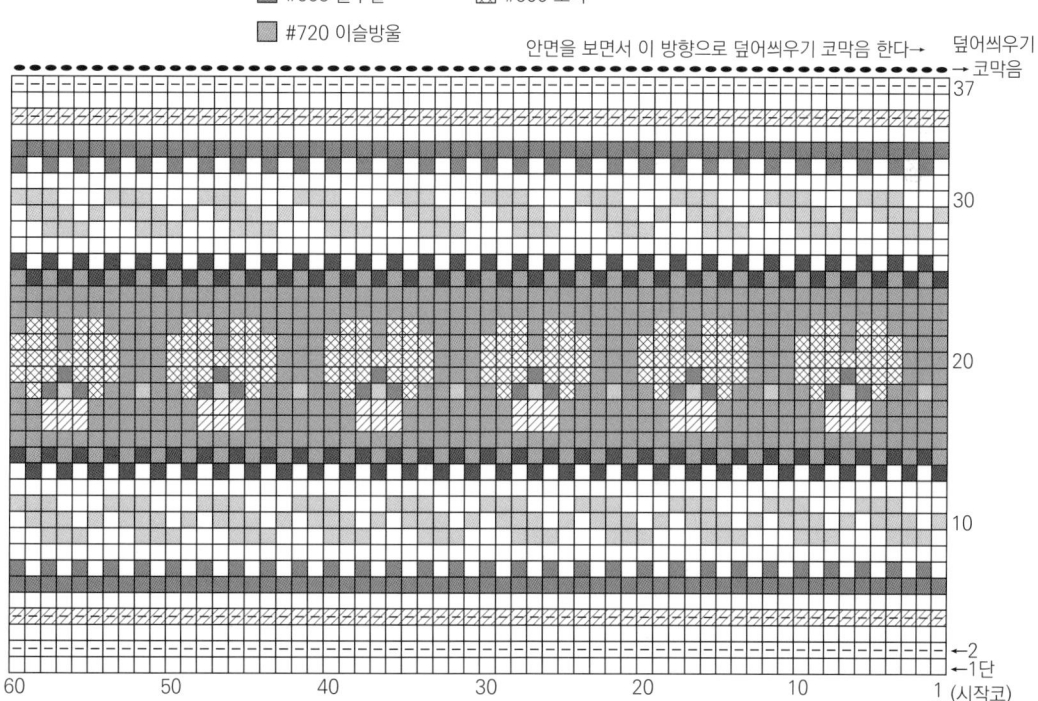

P.114 롱 핸드 워머

완성 치수 손목 둘레 20×길이 24.5cm

▶ 도구와 재료

실
[로완] 키드실크헤이즈
#712 울트라 16g

※ 기호도안은 101 페이지 참조.

바늘
짧은 줄바늘 3호(3.0㎜)
코바늘 3/0호

▶ 게이지
30코×36단/10cm×10cm

▶ 만드는 법
① 일반 코잡기를 하여 도안대로 뜨고 덮어씌워 코막음한다. 실을 정리하고 스팀다리미질한다.

【도안】
본체 2장

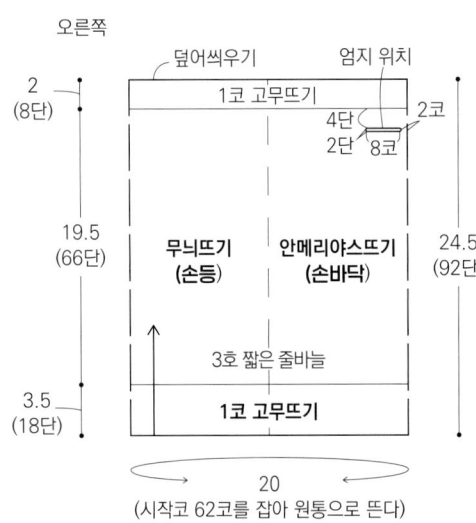

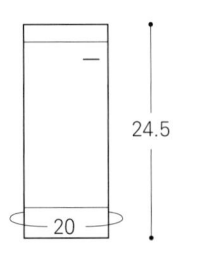

※ 덮어씌우기가 느슨하면 둘레가 넓어지므로 조금 탄탄하게 합시다

□ 겉뜨기
─ 안뜨기
⋋ 오른코 위 2코 모아뜨기
⋌ 왼코 위 2코 모아뜨기
⍉ 감아코로 코늘림
○ 걸어뜨기
● 덮어씌우기
◉ 대바늘 1단 구슬뜨기

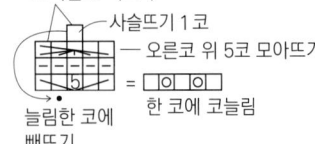

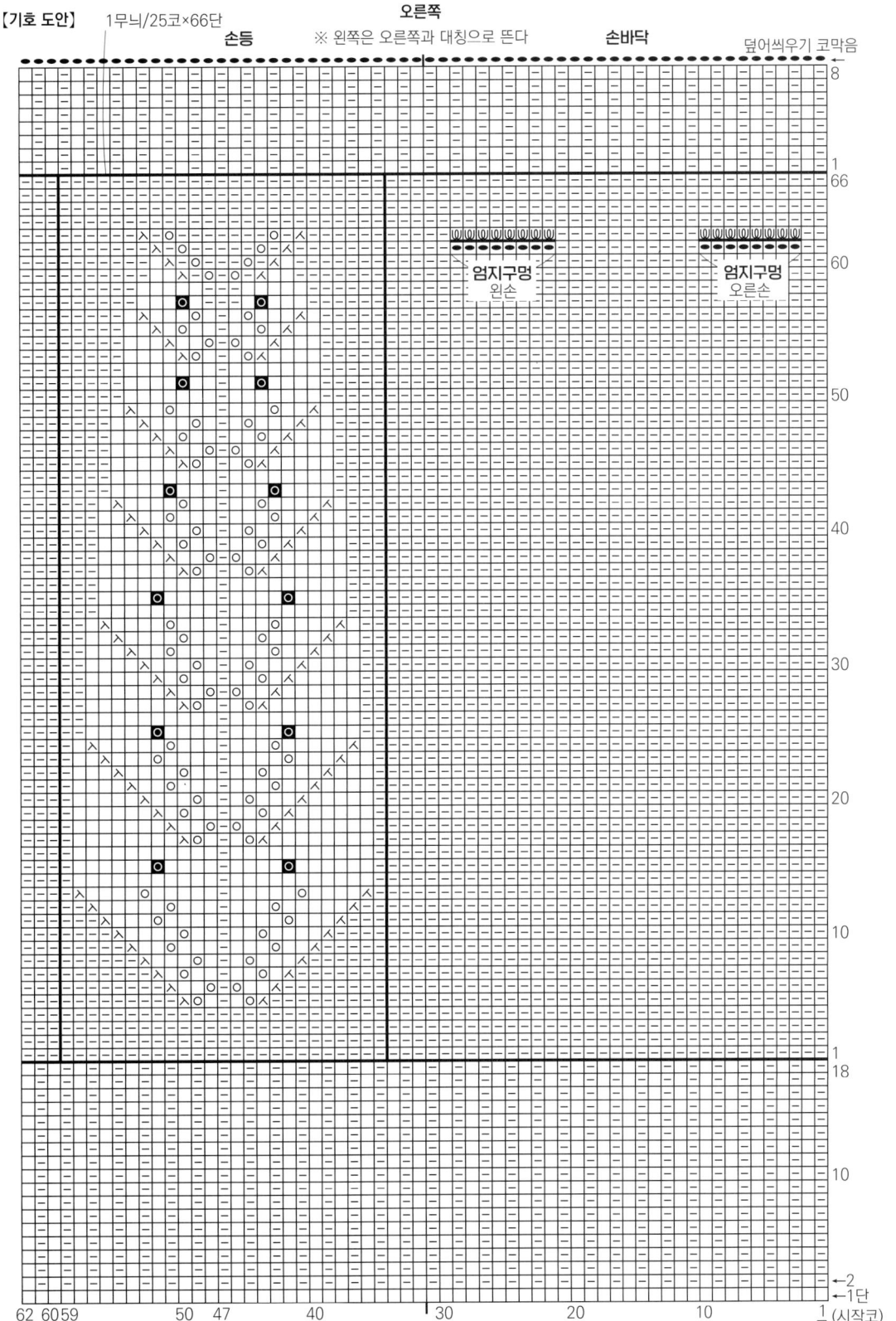

P.118 브로치

완성 치수 양귀비 지름 7.5cm   파란 꽃 5×6cm   팬지 지름 5.2cm

▶ 도구와 재료

실

·양귀비
[제이미슨스] 스핀드리프트
#180 Mist   2g
#259 레프러콘   1g
#500 Scarlet   1g
#585 Plum   1g
#999 Black   1g
#780 라임   1g

·파란 꽃
[퍼피] 브리티시 파인
#034 짙은 녹색   1g
#092 청록색   소량
#035 머스터드   소량
#086 네온 옐로   소량

·팬지
[제이미슨스] 스핀드리프트
#769 버드나무   1g
#390 수선화   소량
#104 내추럴 화이트   소량
#780 라임   소량
#600 보라   소량
#410 옥수수밭   소량

※ 기호 도안: 양귀비 49페이지, 파란 꽃 55페이지, 비올라 53페이지

기타(공통)
싸개 단추 지름 7cm 단추, 타원형 단추 4.5cm × 6cm,
　　　　　지름 5cm 단추 각 1개
퀼트용 접착 심지 10cm × 10cm
두꺼운 펠트 10cm × 10cm
두꺼운 종이 10cm × 10cm
길이 3.5cm 브로치 핀 1개

바늘
대바늘 2호(2.7mm, 양귀비, 팬지),
　　　 4호(3.3mm, 파란 꽃)

▶ 게이지
32코 × 34단 / 10cm × 10cm

▶ 만드는 법
① 일반 코잡기를 하여 도안대로 뜨고 덮어씌워 코막음한다. 실을 정리하고 스팀다리미질한다.
② 자수를 놓고 양귀비와 팬지는 세탁하여 건조한다.
③ 뜨개 바탕과 접착 심지를 겹쳐서 가장자리를 홈질하고 싸개 단추에 합쳐서 실을 당겨 조이고 매듭짓는다.
④ 펠트에 브로치 핀을 단다.
⑤ 안면에 두꺼운 종이를 접착제로 붙이고 펠트를 겹쳐서 붙이고 펠트의 가장자리을 뜨개 바탕에 감침질하여 고정한다.

【마무리】

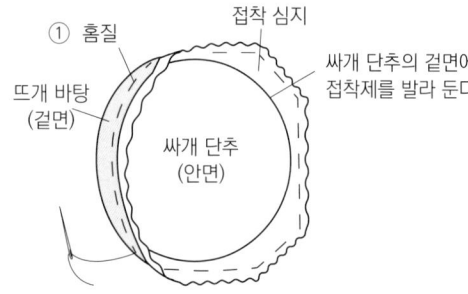

뜨개 바탕과 접착 심지를 겹쳐서 가장자리를 홈질한다.
싸개 단추에 씌워서 홈질한 실을 잡아당겨 싸개 단추에 뜨개 바탕을 맞추고 매듭을 지어 마무리한다

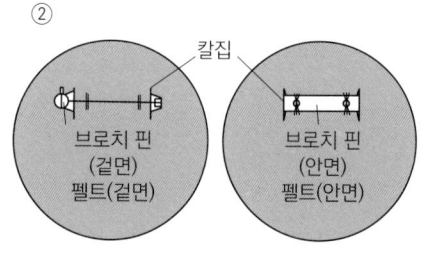

펠트에 칼집을 넣어 브로치 핀을 키워 꿰매 단다

※ 싸개 단추보다 접착 심지를 가장자리가 1.5cm 크게, 두꺼운 종이는 2바퀴 작게, 펠트는 1바퀴 작게 자른다

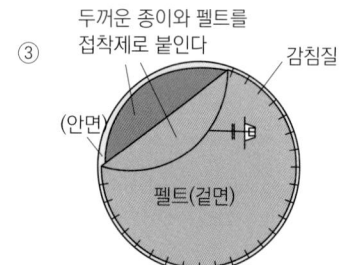

①의 안쪽에 두꺼운 종이를 접착제로 붙이고
그 위에 펠트를 도안위 위치를 확인하며 붙인다
펠트의 가장자리를 따라 뜨개 바탕에 감침질한다

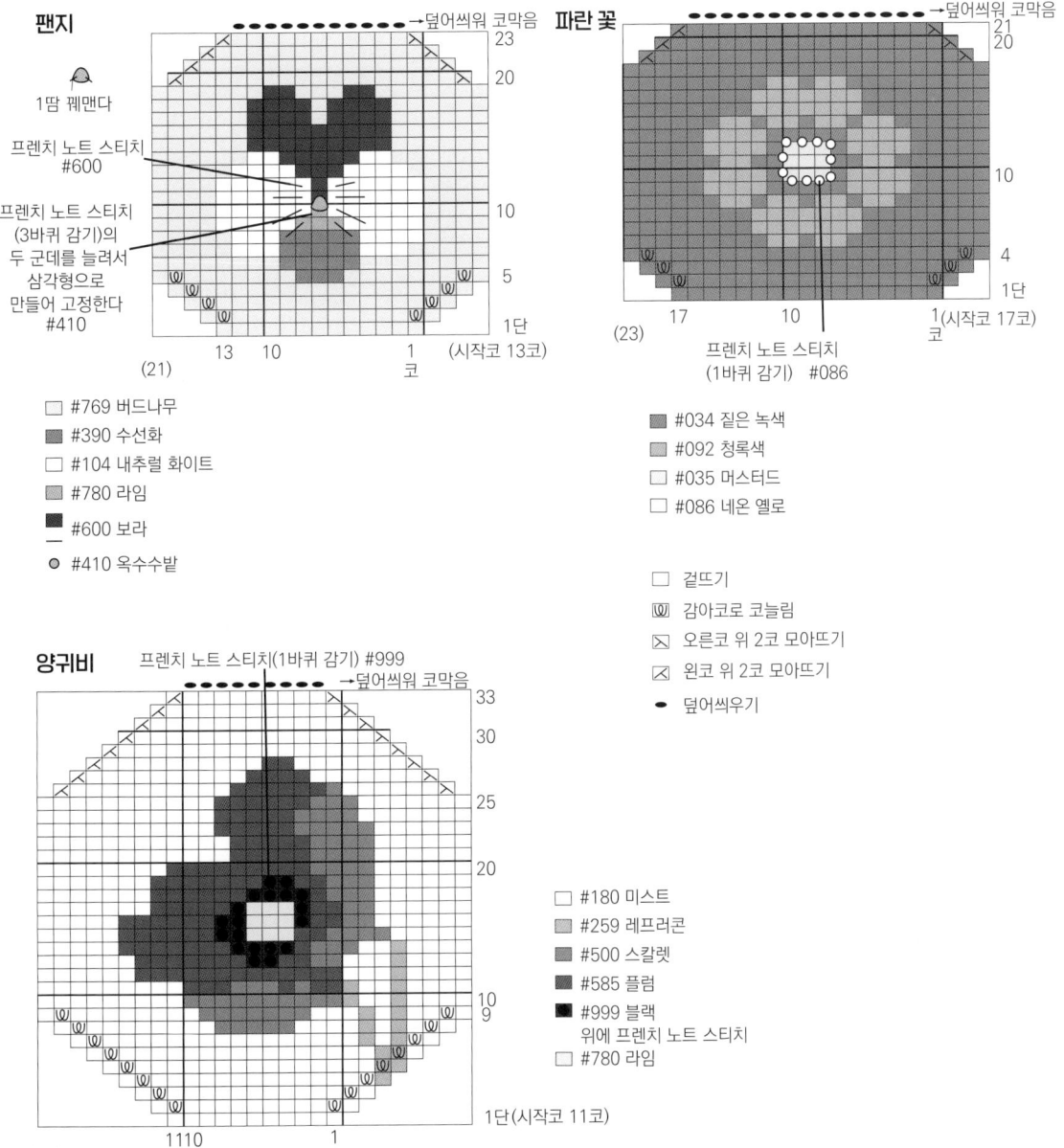

P.118 코스터

완성 치수 10.5×10.5cm

▶ 도구와 재료

실
[제이미슨스] 스핀드리프트
#268 개장미   3g
#599 조디악   소량
#780 라임   1g
#788 리프   1g
#578 러스트   1g

※ 기호 도안은 91 페이지 참조

기타
두꺼운 펠트 15×15cm
25번 자수실 흰색, 검정 각 적당량

바늘
대바늘 4호(3.3㎜)

▶ 게이지
27코 ×30단 /10cm×10cm

▶ 만드는 법
① 일반 코잡기를 하여 기호 도안대로 뜨고 안면에서 엎어씌우기 코막음한다. 실을 정리하고 스팀다리미질한다.
② 도토리 뚜껑과 다람쥐 꼬리에 자수를 놓는다.
③ 물세탁하며 손으로 비벼서가볍게 펠트화를 시키고 건조한다. 다람쥐의 눈을 수놓는다.
④ 뜨개 바탕과 펠트를 안면끼리 마주대고 겹쳐서 가장자리를 블랭킷 스티치로 꿰매 합친다.

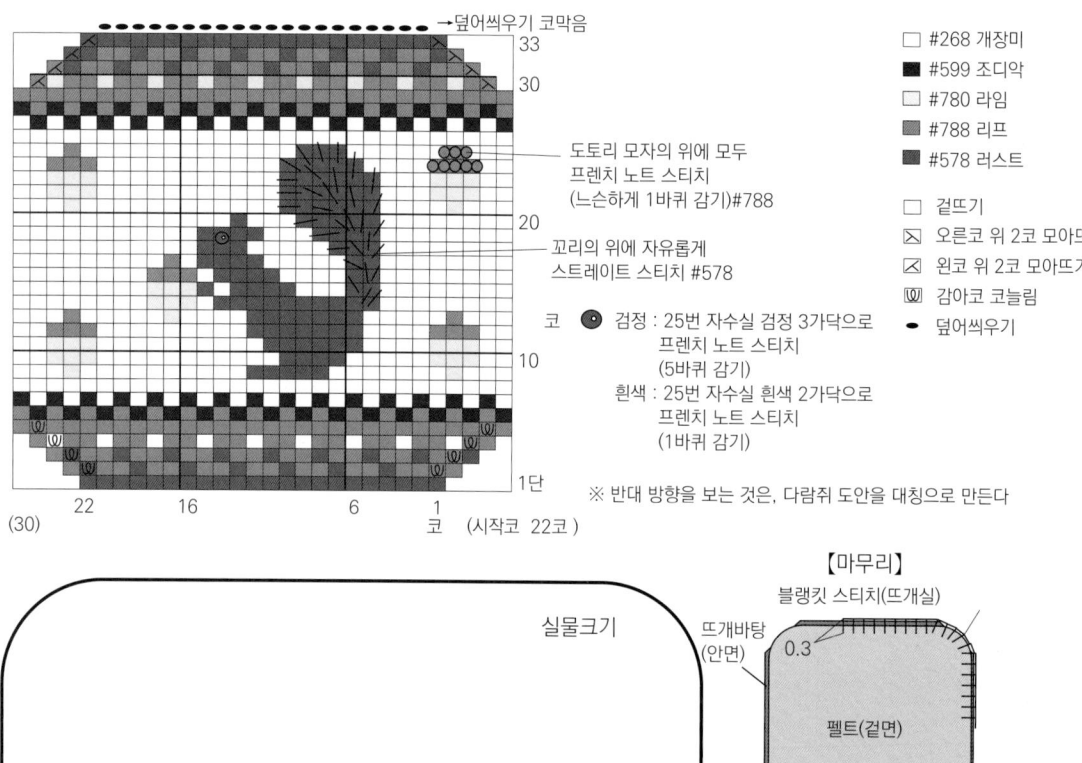

P.119 핀 쿠션

완성 치수　장미 꽃봉오리 지름 8cm　작은 장미 지름 8cm

▶ 도구와 재료

실

· 장미 꽃봉오리

[퍼피] 브리티시 파인
#017 짙은 감색　3g
#080 연두　1g
#006 빨강　1g

· 미니 장미

[퍼피] 브리티시 파인
#021 라이트 베이지　3g
#068 로즈 핑크　1g
#080 연두　1g
#031 핑크　소량

※ 기호 도안: 장미 꽃봉오리 51 페이지,
미니 장미 11 페이지 참조.

기타 (공통)
바닥용 원단 15×15cm
펠트 8×8cm
지름 8~10cm 의 용기 1 개

바늘
대바늘 4호(3.3mm)

▶ 게이지
장미 꽃봉오리 26코×40단/10cm×10cm
미니 장미 28코×32단/10cm×10cm

▶ 만드는 법

① 일반 코잡기를 하여 도안대로 뜨고 덮어씌워 코막음 한다. 실을 정리하고 스팀다리미질한다.
② 펠트를 지름 8cm의 원으로 잘라서 뜨개 바탕과 함께 세탁하여 건조한다.
③ 뜨개 바탕과 바닥 원단을 겉면끼리 마주대어 꿰매고, 창구멍을 통해 뒤집는다.
④ 안에 펠트와 양모솜을 넣어서 창구멍을 홈질하고 실을 조인다.
⑤ 용기에 넣는다.

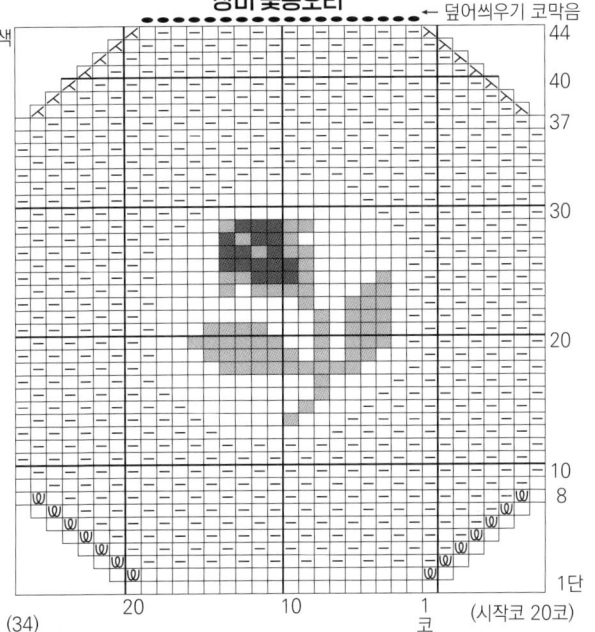

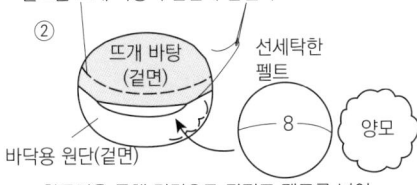

□ 겉뜨기
Ⓥ 감아코 코늘림
⧸ 오른코 위 2코 모아뜨기
⧹ 왼코 위 2코 모아뜨기
− 안뜨기
● 덮어씌우기

□ #021 라이트 베이지
■ #068 로즈 핑크
▨ #080 연두
▨ #031 핑크

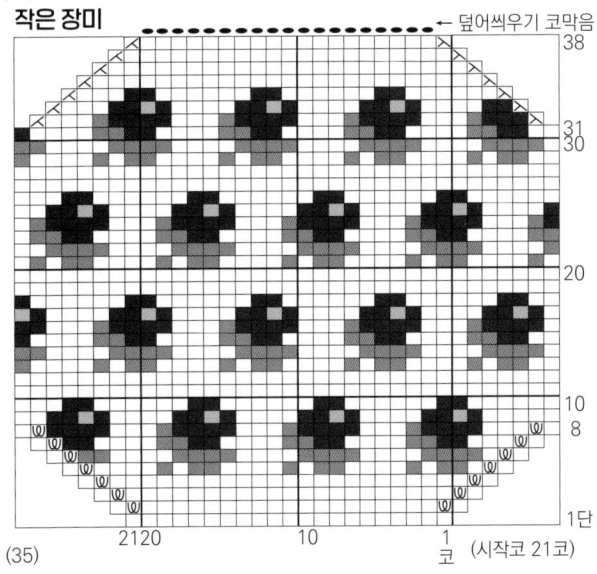

P.119 미니 액자

완성 치수 미모사, 들장미 안지름 8.7×6.6cm   데이지 안지름 7.7cm

▶ 도구와 재료

실
· 미모사
[제이미슨스] 스핀드리프트
#764 하늘색 3g
#772 버디그리스 1g
#400 미모사 1g
#616 아네모네 1g

· 핑크 들장미
[제이미슨스] 스핀드리프트
#104 내추럴 화이트 3g
#788 리프 1g
#188 셔벗 1g
#390 수선화 소량
#780 라임 소량

· 데이지
[퍼피] 브리티시 파인
#055 녹색 3g
#080 연두 소량
#001 흰색 소량
#006 빨강 소량
#086 네온 옐로 소량

※ 미모사 기호 도안은 57페이지, 들장미 기호 도안은 97페이지, 데이지기호 도안은 53페이지참조.

기타(공통)
두꺼운 펠트 10cm×10cm
원단 15cm×15cm
타원형 액자틀 안지름 8.7cm×6.6cm,
또는 원형 액자틀 안지름 7.7cm

바늘
대바늘 2호(2.7㎜)
코바늘 2/0호

▶ 게이지
32코× 34단/10cm×10cm

▶ 만드는 법
① 일반 코잡기를 하여 도안대로 뜨고 덮어씌워 코막음한다. 실을 정리하고 스팀다리미질한다.
② 들장미는 자수를 놓고, 미모사와 들장미를 세탁하여 건조한다.
③ 뜨개 바탕과 원단을 겹쳐서 데이지를 수놓는다.
④ 뜨개 바탕의 가장자리에 홈질을 하여 실을 조여서 안쪽 테두리에 맞추고 매듭을 지어 마무리 한다.
⑤ 안지름의 안면을 채우도록 펠트를 겹쳐서 공그르기로 고정한다.

【마무리】

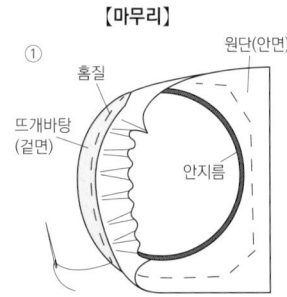

① 뜨개 바탕과 원단을 겹쳐서 가장자리를 홈질한다. 무늬의 위치를 확인하며 안지름에 맞춰 홈질하고 실을 조여서 매듭을 짓고 여분의 원단을 잘라낸다

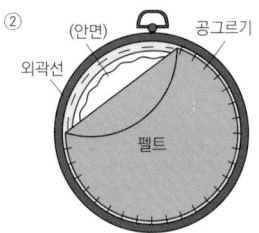

② 펠트를 안지름에 맞춰 안면에 채우도록 겹쳐서 공그르기 한다

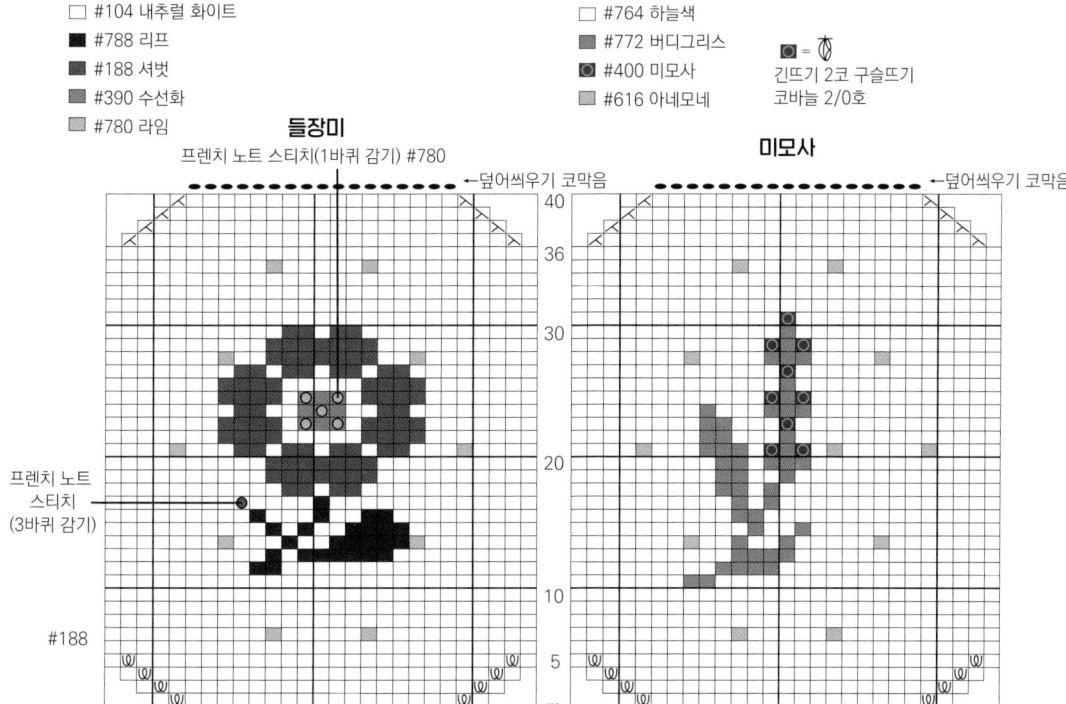
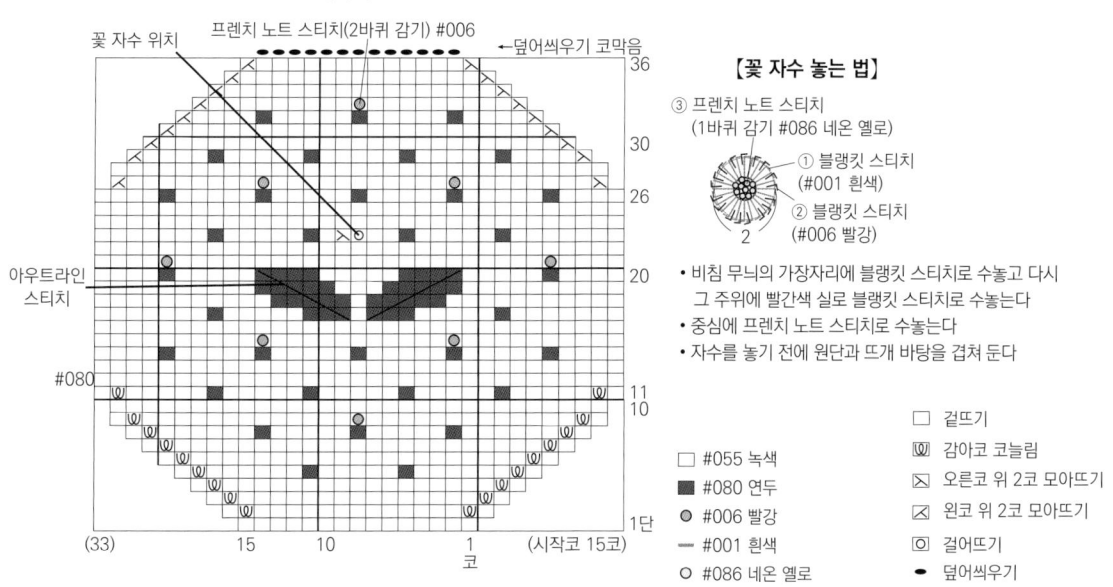

P.115 은방울꽃 후드 숄

완성 치수 51×128cm

▶ 도구와 재료

실
[로완] 키드실크헤이즈
#634 크림   200g

※ 은방울꽃 기호 도안 : 109페이지

바늘
대바늘 3호(3.0mm)
80cm 줄바늘 3호
코바늘 2/0호

▶ 게이지
26코×32단/10cm×10cm

▶ 만드는 법
① 일반 코잡기를 하여 기호 도안대로 본체의 왼쪽을 246단까지 뜨고 쉼코로 둔다. 본체 오른쪽을 같은 요령으로 뜨고 247번째 단에서 맨 끝에 15코를 감아코 코늘림 하여 본체 왼쪽에 연결하여 뜬다.
② 후드 부분을 도안대로 120단 뜬다. 121번째 단부터 왼쪽, 가운데, 오른쪽으로 나눠서 뜨고 겉면에서 떠서 꿰매기로 잇는다. 스팀 다리미질을 하여 정리한다.
③ 테두리를 뜨고 스팀 다리미질을 하여 정리한다.

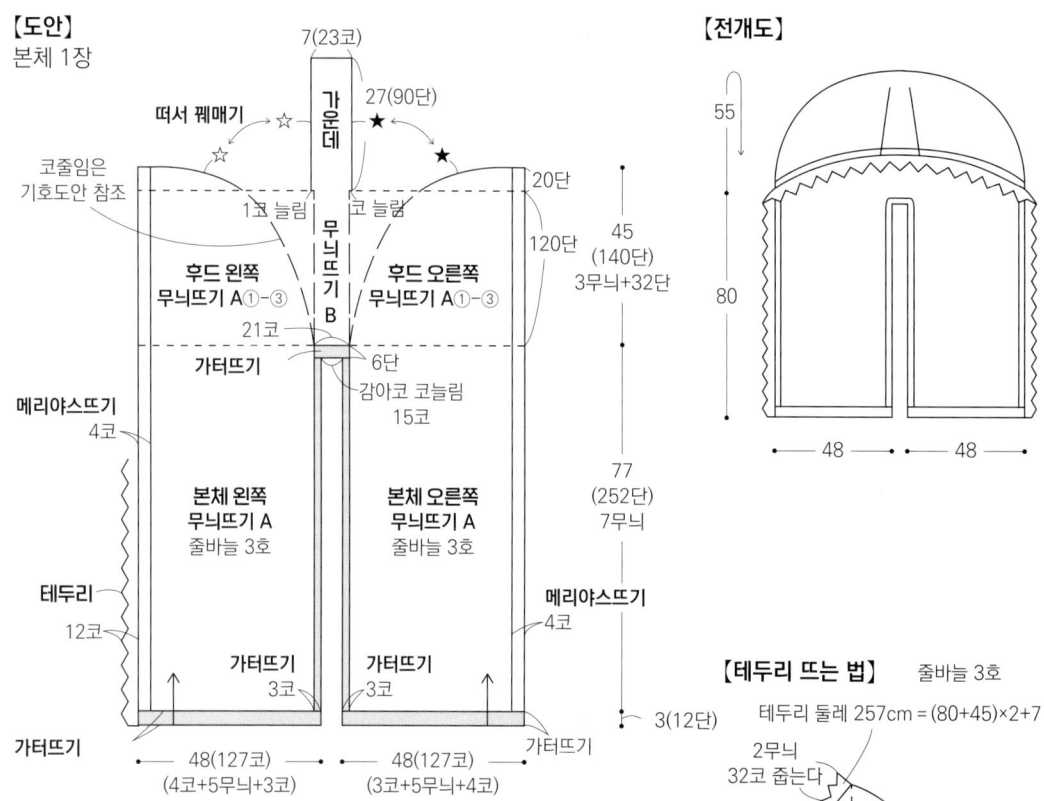

본체 왼쪽을 246단까지 뜨고 쉼코로 둔다. 본체 오른쪽도 246단까지 뜨고 247단의 끝까지 감아코로 14코를 만들어서 쉼코로 두었던 본체 왼쪽과 연결하여 뜬다. 코늘림 부분은 6단 가터뜨기.
본체를 뜰 때에는 메리야스 4코, 무늬 뜨기 24코마다, 가터뜨기 3코에 콧수마커를 달아 두면 편리하다.

후드 부분은 본체 왼쪽과 오른쪽의 가터 부분 3코와 코늘림한 15코를 합한 21코(가운데 부분)을 무늬 뜨기 도안B에 따라 뜬다. 120단을 도안대로 뜬다. 121단부터 후드 왼쪽, 가운데 오른쪽으로 나누어 뜨고, 다 뜨면 겉면을 보며 떠서 꿰매기한다.

테두리는 8코를 잡아 본체에 연결하여 떠 간다.

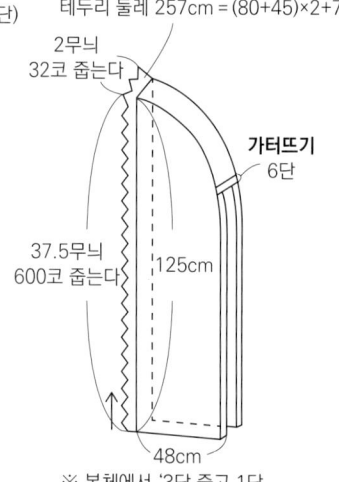

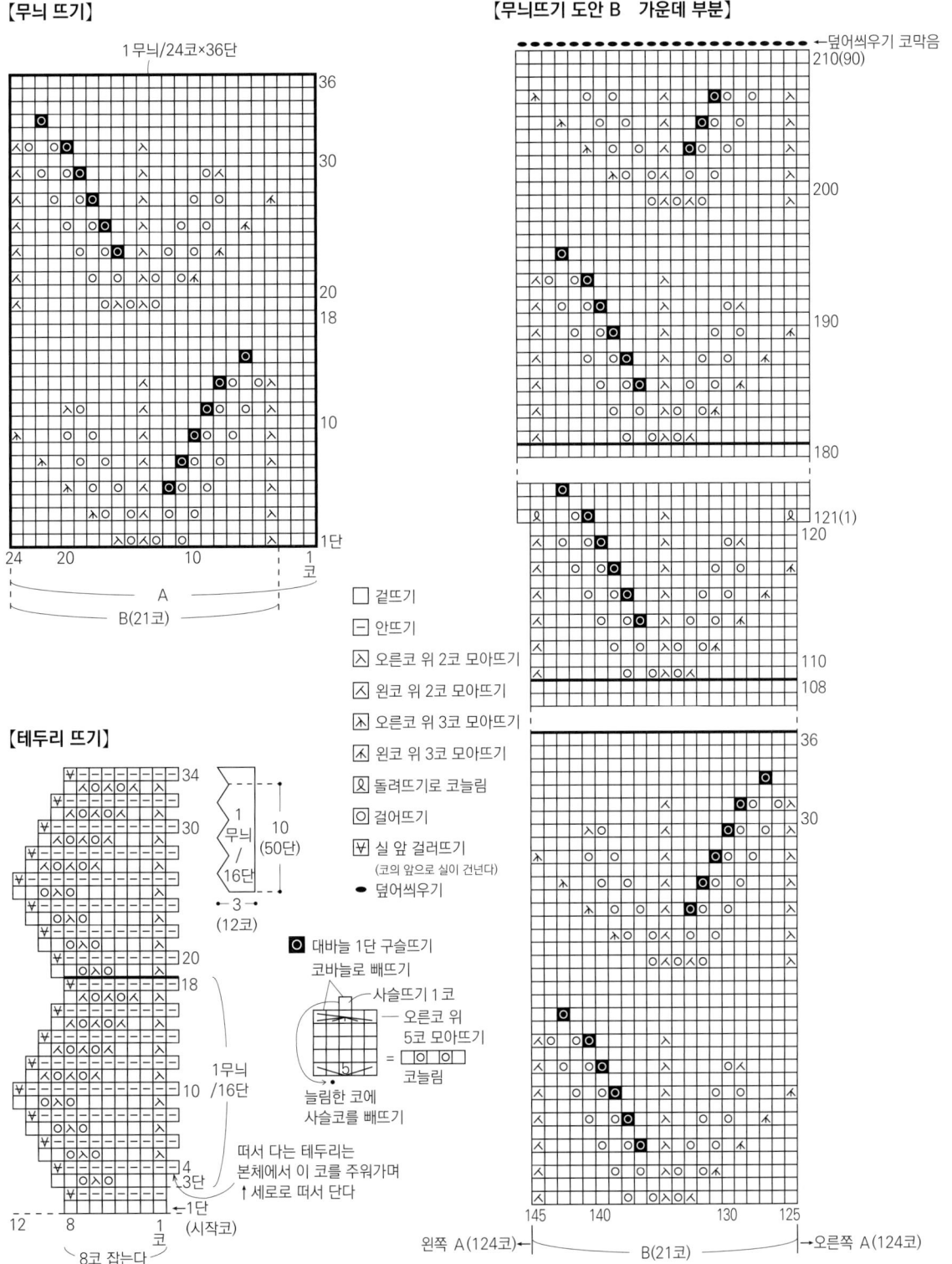

【무늬뜨기 도안 A 후드 왼쪽③】

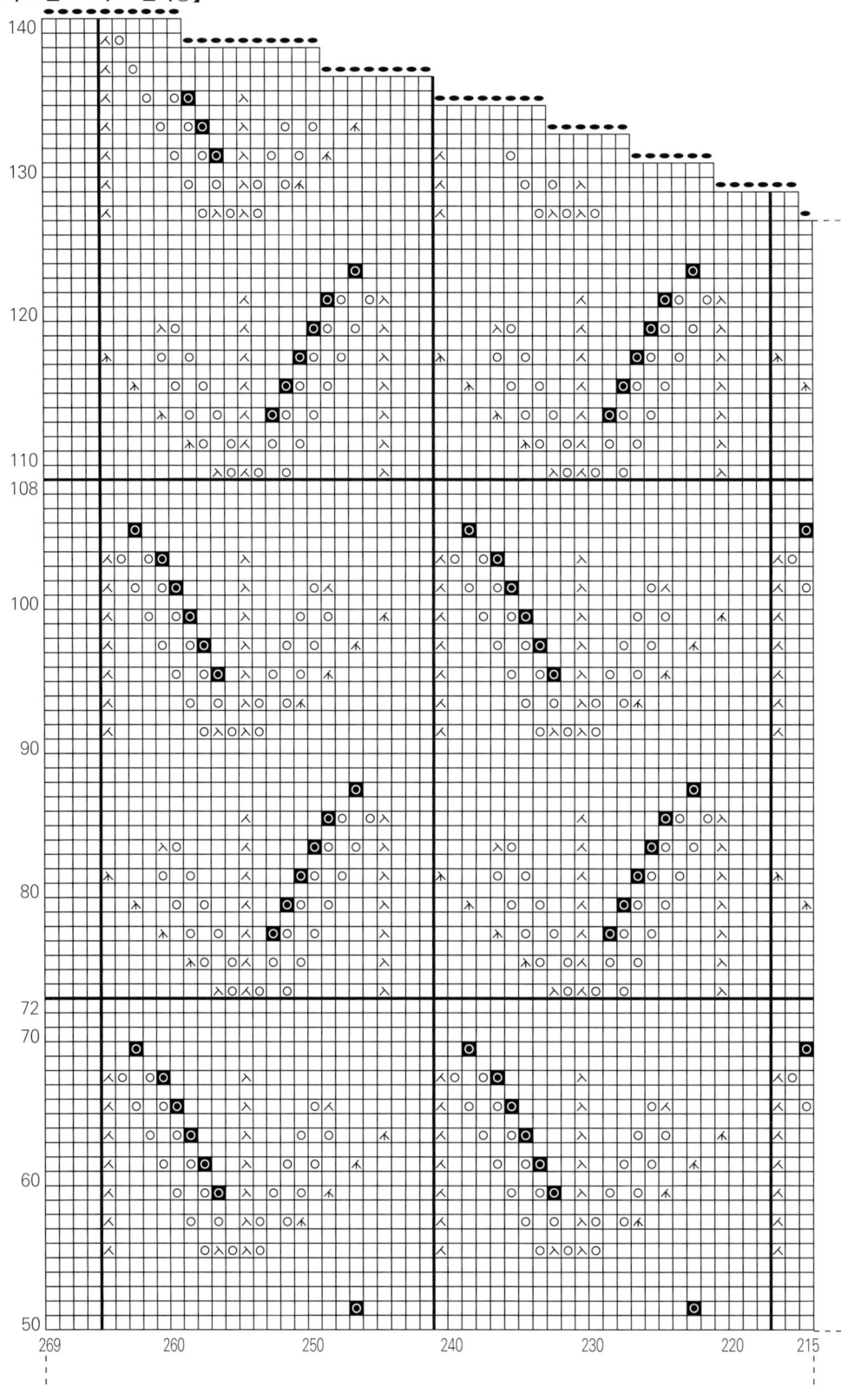

【무늬뜨기 도안 A 후드 왼쪽②】

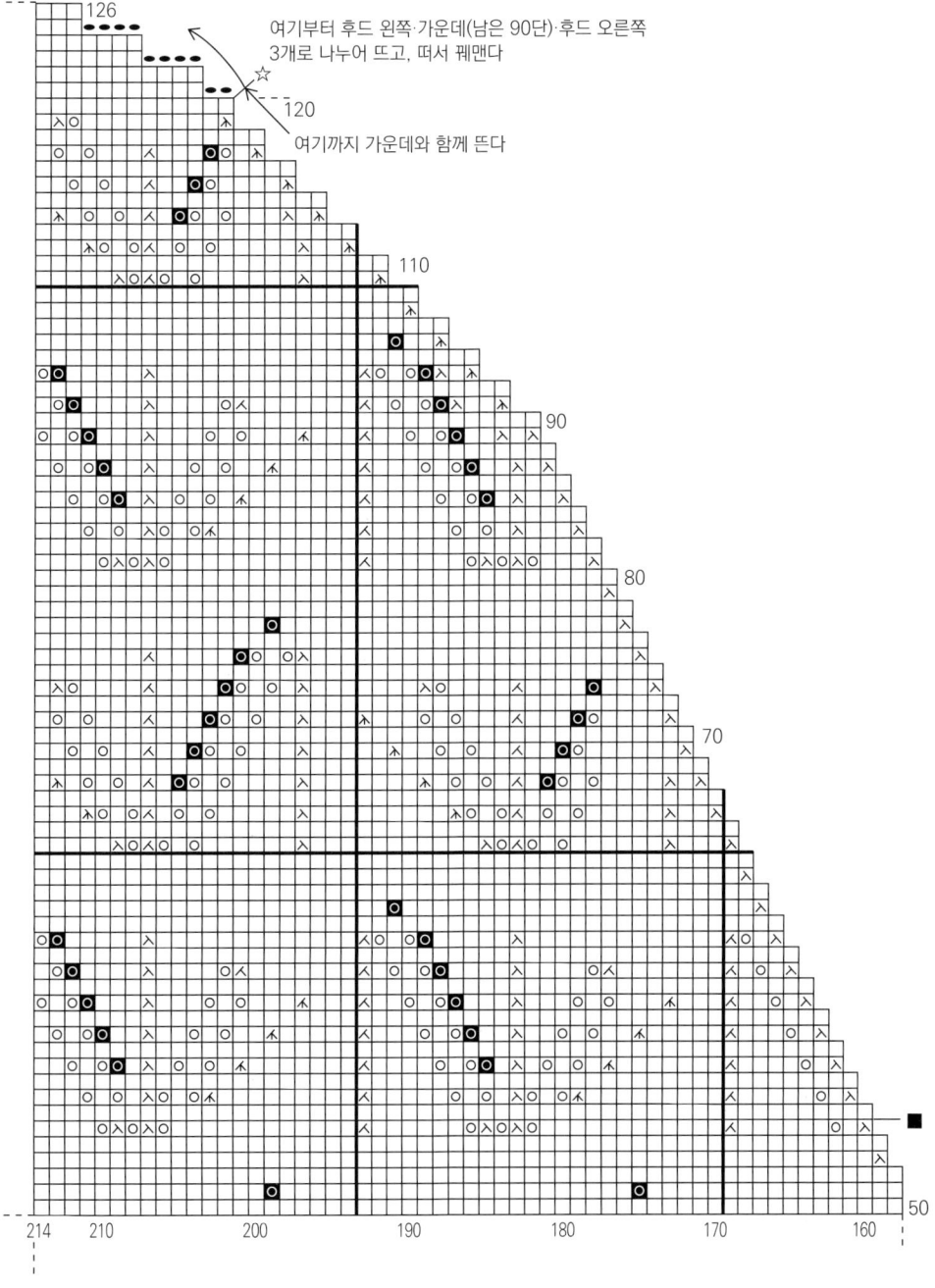

[무늬뜨기 도안A 후드 왼쪽①]

[무늬뜨기 도안A 후드 오른쪽①]

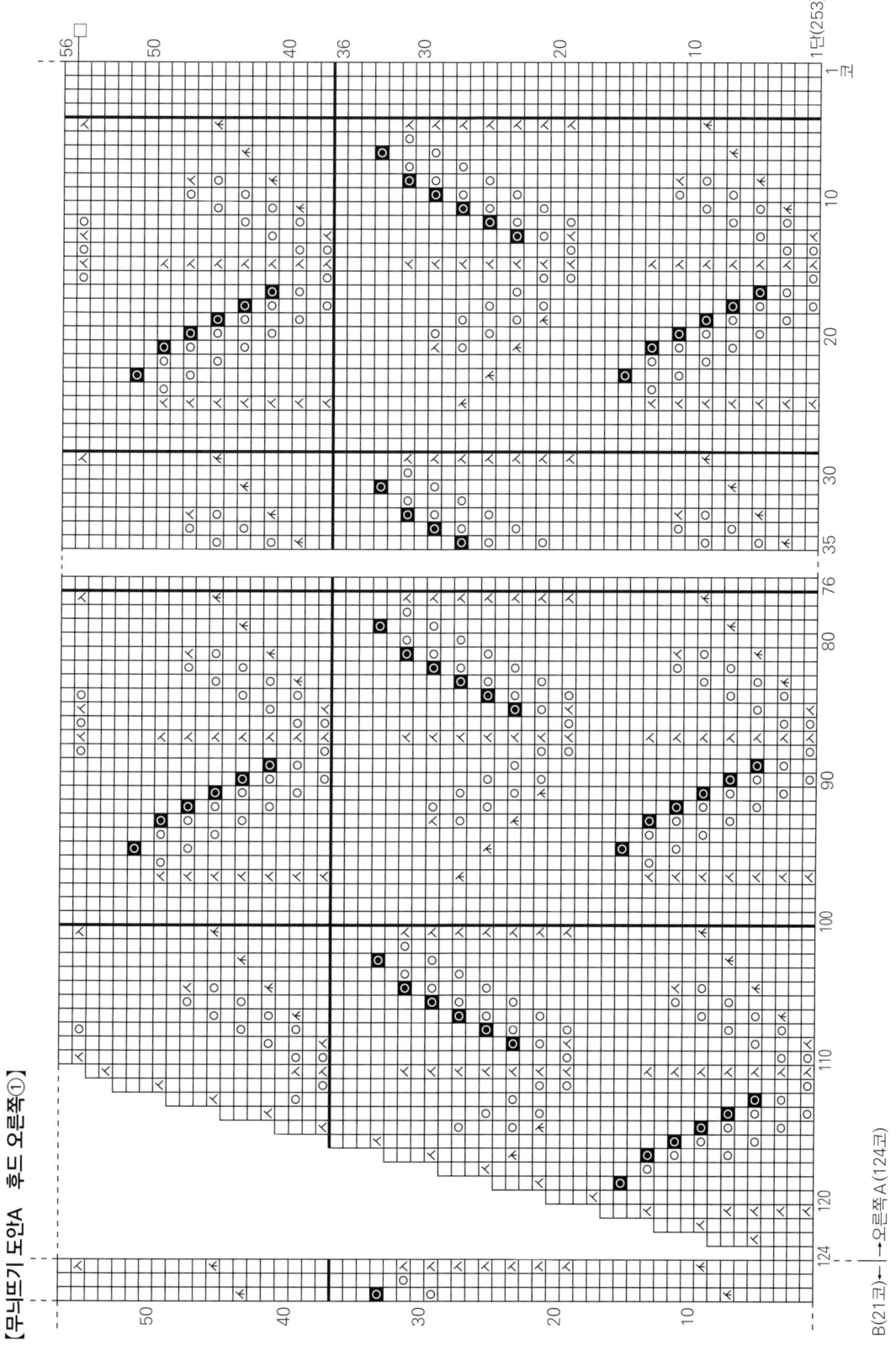

【무늬뜨기 도안A 후드 오른쪽③】

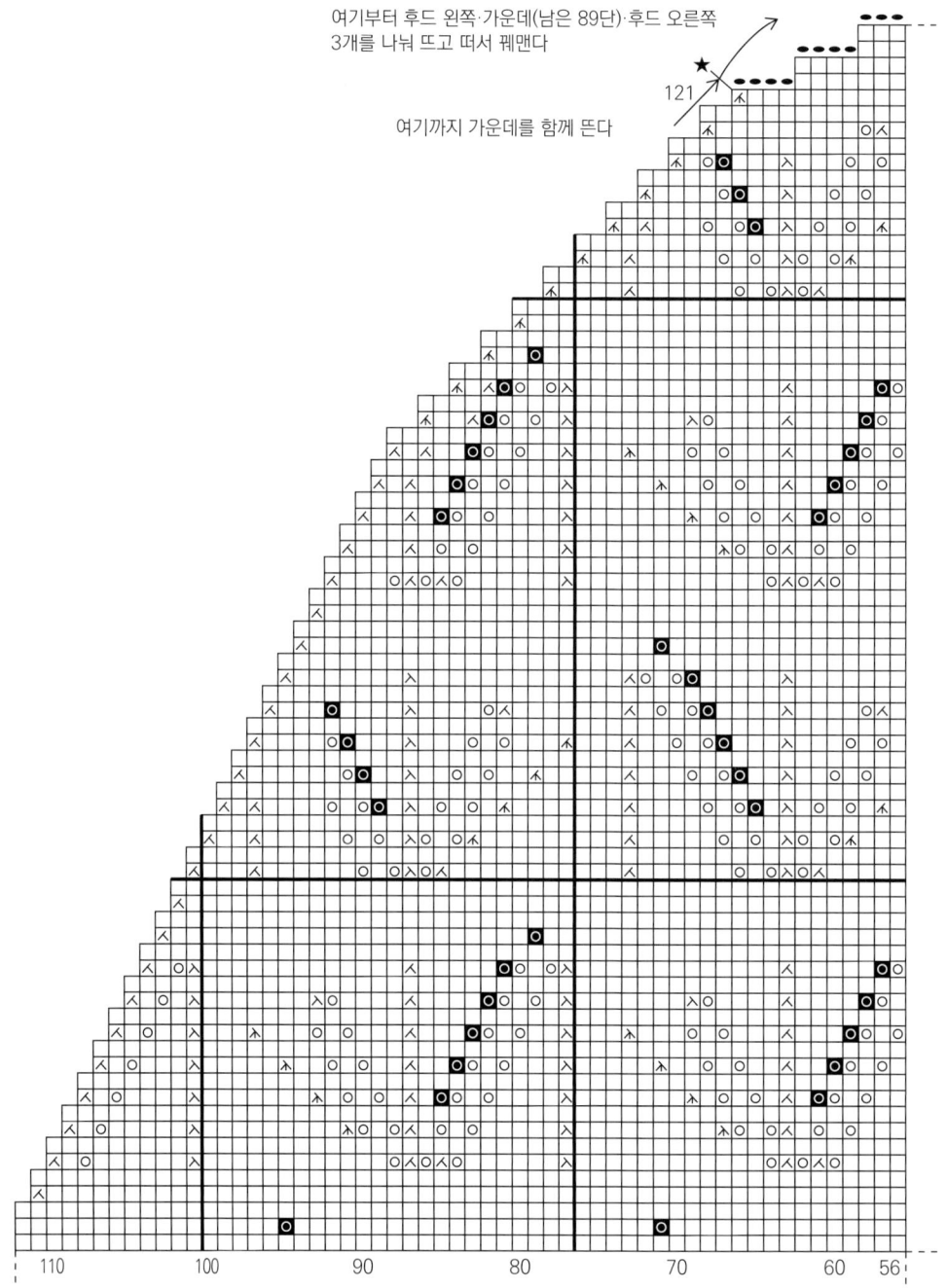

【무늬뜨기 도안A 후드 오른쪽②】

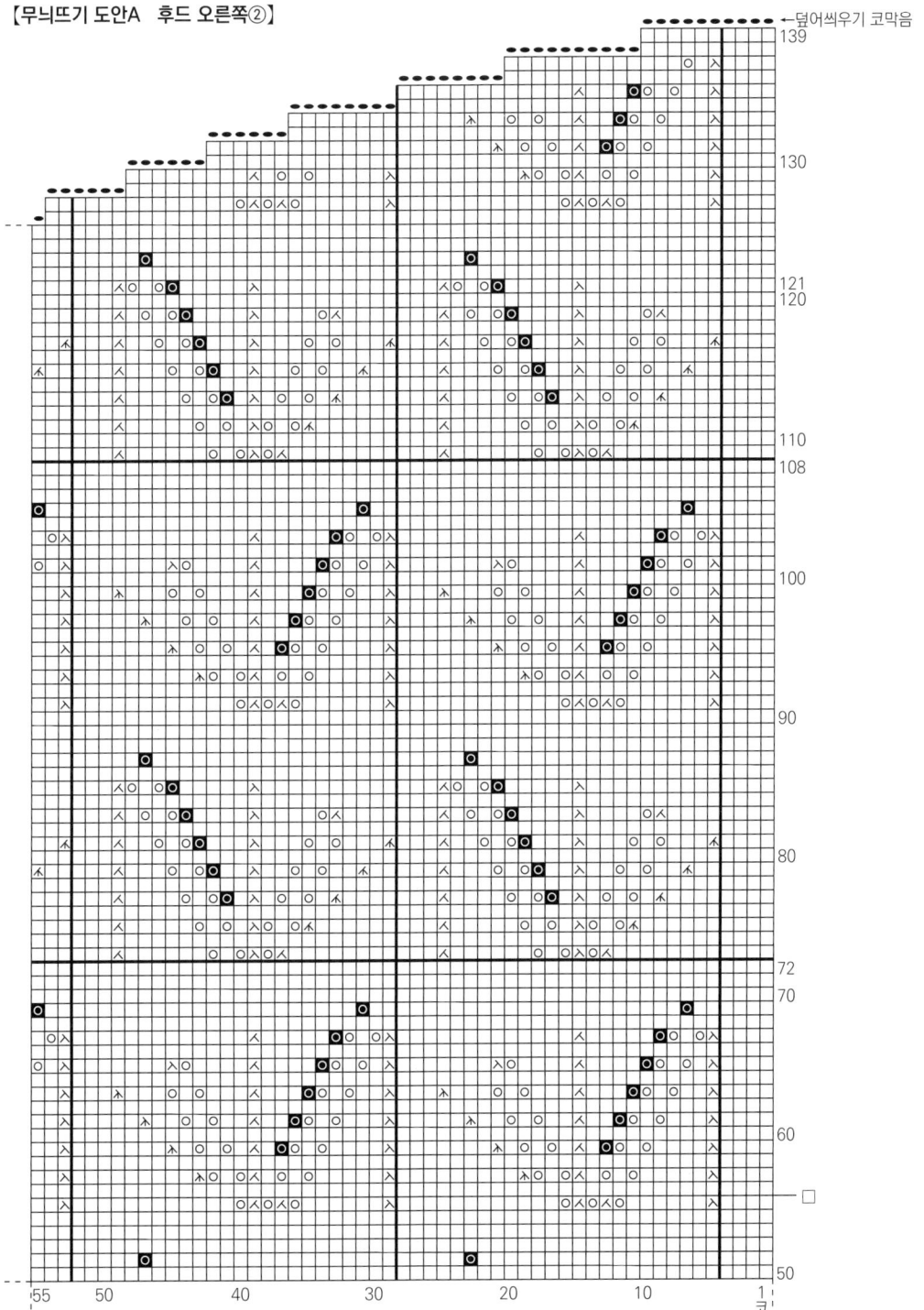

P.120 패치워크 가방

완성 치수 너비 30 × 높이 20 × 두께 10cm

▶ 도구와 재료

실
[제이미슨스] 스핀드리프트
각 도안 참조, 적당량

※ 기호 도안 : 각 페이지 참조. 선호하는 무늬를 뜬다. 모티브의 완성 치수는 대략 한 변이 11cm

기타
캔버스 토트백(시판) 1개 가로 30cm × 세로 10cm × 높이 20cm 손잡이 제거 후 사용
손잡이 1쌍 (연결 부위가 금속인 종류)
접착 심지 30cm × 50cm
바닥판 20cm × 9cm
안주머니·바닥판용 마 원단 30cm × 30cm
펠트 노란 색 10cm × 10cm

바늘
60cm 줄바늘 3호 (3.0mm)
대바늘 4호 (3.3mm)
코바늘 2/0호, 3/0호
꽈배기바늘

▶ 게이지
29코 × 31단 / 10cm × 10cm

▶ 만드는 법

① 일반 코잡기를 하여 도안대로 모티브 13장을 뜨고 덮어씌우기 코막음한다. 실을 정리하고 스팀다리미질한다.
② 자수를 놓는다.
③ 모티브를 윗 단과 아래 단으로 나누어 빼뜨기로 꿰매어 원통형으로 만든다. 길이가 어긋날 때에는 당기거나 줄여서 시침질하여 꿰맨다. 위아래단도 같은 방법으로 꿰매어, 바닥과 꿰맨다. 스팀다리미질을 하여 모양을 정리한다.
④ 테두리를 뜬다.
⑤ 안감을 만들어 토트백의 입구에 꿰매 단다.
⑥ 바닥판을 원단으로 감싸 붙이고, 토트백의 안에 넣는다.
⑦ 접착 심지를 주머니 모양으로 만들어, 토트백에 겹쳐 뜨개 바탕의 안에 넣는다. 테두리를 접어 올려 꿰매 고정한다.
⑧ 손잡이를 단다.

【도안】
접착 심지 1장

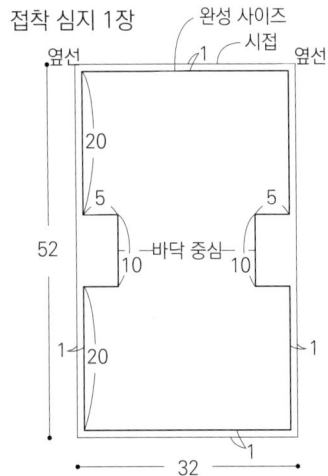

【안주머니】 1매

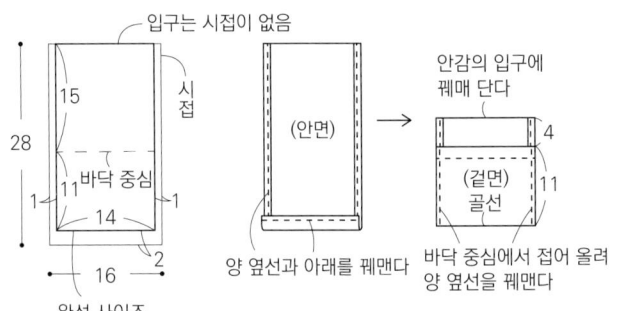

기성품 주머니를 안감으로 사용하므로 접착 심지만을 가방 모양으로 만들어 합친다

【접착 심지 다는 법·완성 방법】

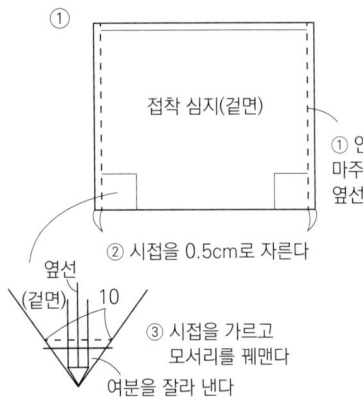

【손잡이】

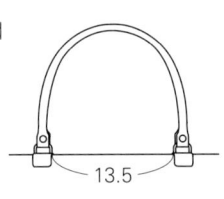

펜치로 꼭 눌러 조인다.
(금속에 상처가 나지 않도록 헝겊을 덧대어 누른다)

【모티브 배열】

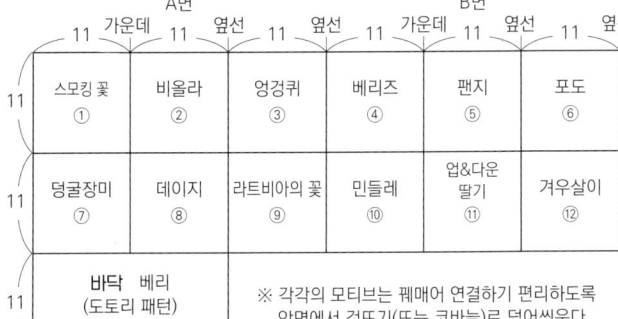
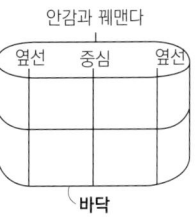

【테두리 뜨기】

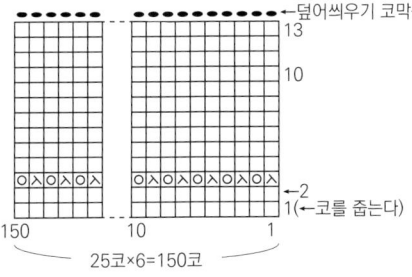

① 스모킹 꽃

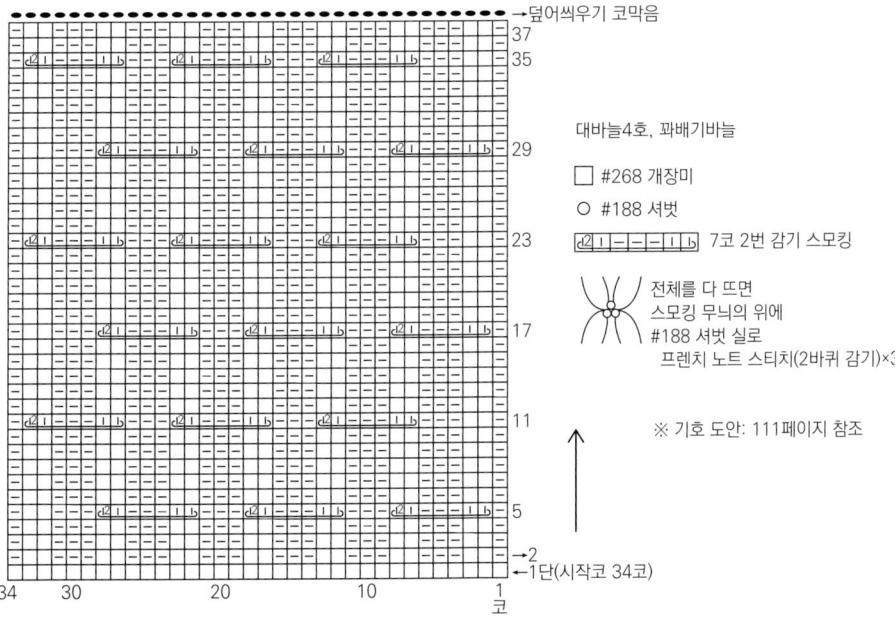

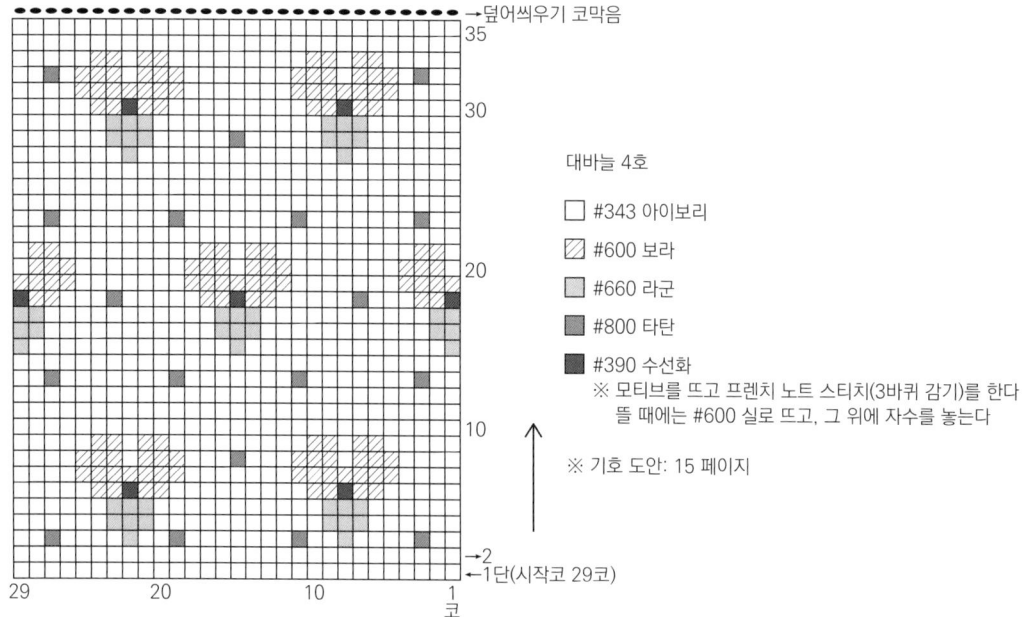

② 비올라

→덮어씌우기 코막음

대바늘 4호

☐ #343 아이보리
▨ #600 보라
☐ #660 라군
☐ #800 타탄
■ #390 수선화

※ 모티브를 뜨고 프렌치 노트 스티치(3바퀴 감기)를 한다
   뜰 때에는 #600 실로 뜨고, 그 위에 자수를 놓는다

※ 기호 도안: 15 페이지

→2
→1단(시작코 29코)

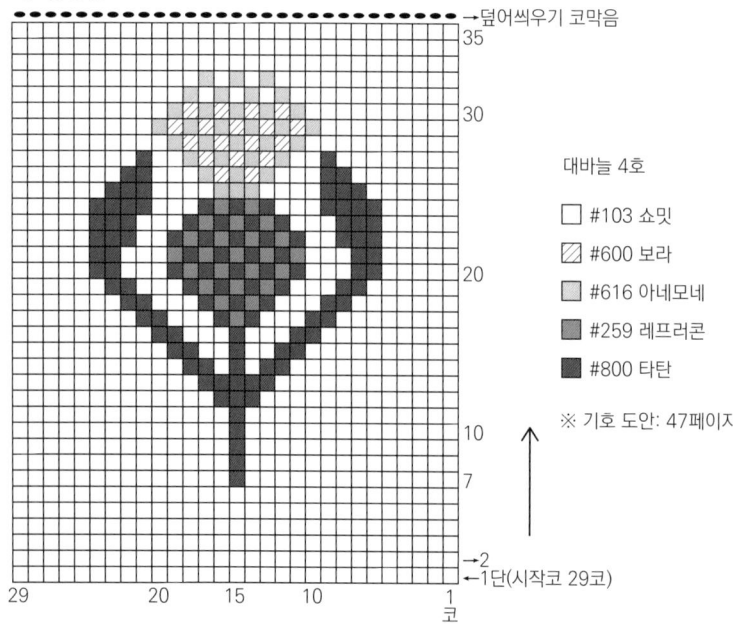

③ 엉겅퀴

→덮어씌우기 코막음

대바늘 4호

☐ #103 쇼밋
▨ #600 보라
☐ #616 아네모네
☐ #259 레프러콘
■ #800 타탄

※ 기호 도안: 47페이지

→2
→1단(시작코 29코)

④ 베리즈

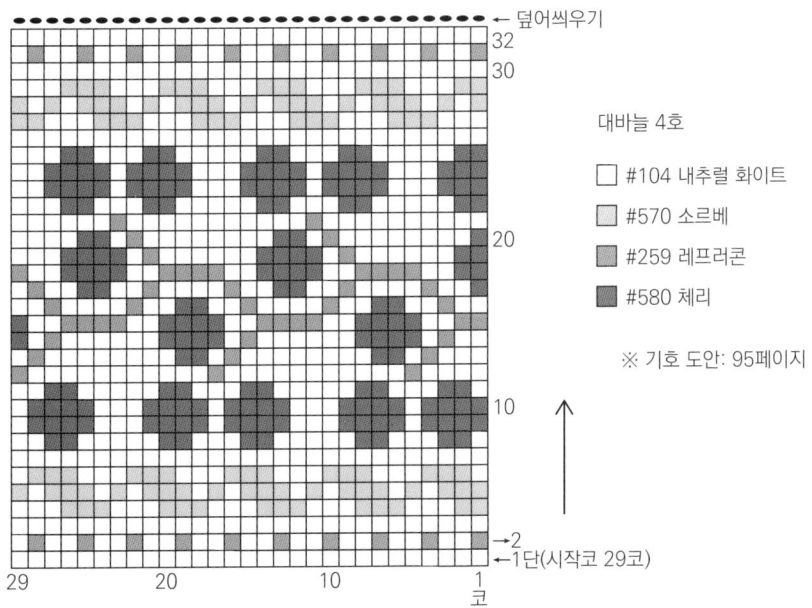

대바늘 4호

☐ #104 내추럴 화이트
☐ #570 소르베
☐ #259 레프러콘
■ #580 체리

※ 기호 도안: 95페이지

⑤ 팬지

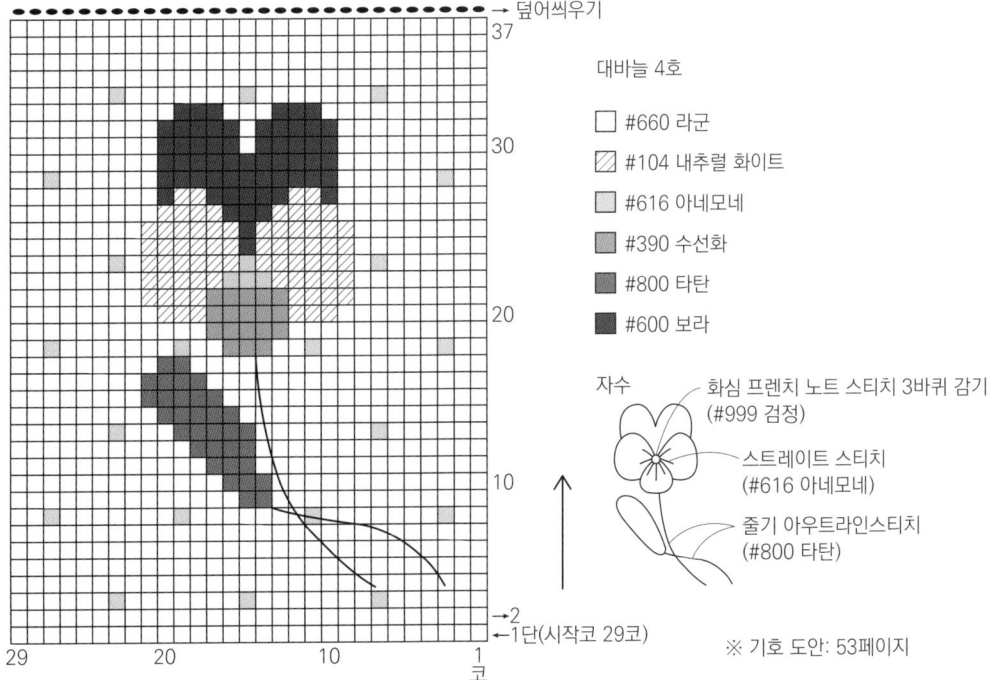

대바늘 4호

☐ #660 라군
☒ #104 내추럴 화이트
☐ #616 아네모네
☐ #390 수선화
■ #800 타탄
■ #600 보라

자수
화심 프렌치 노트 스티치 3바퀴 감기
(#999 검정)
스트레이트 스티치
(#616 아네모네)
줄기 아우트라인스티치
(#800 타탄)

※ 기호 도안: 53페이지

⑥ 포도

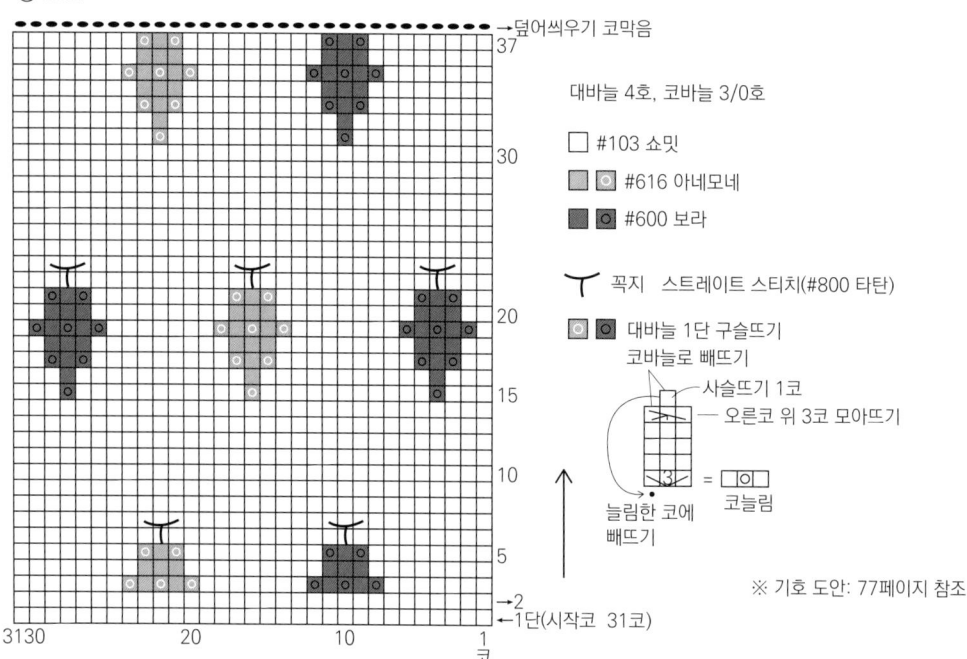

⑦ 덩굴장미

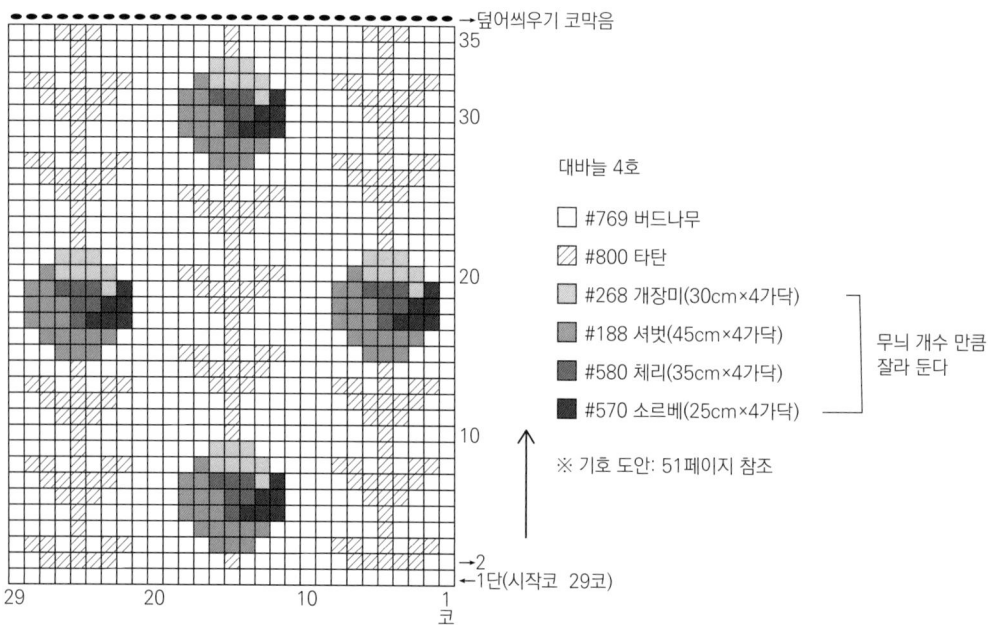

⑧ 데이지

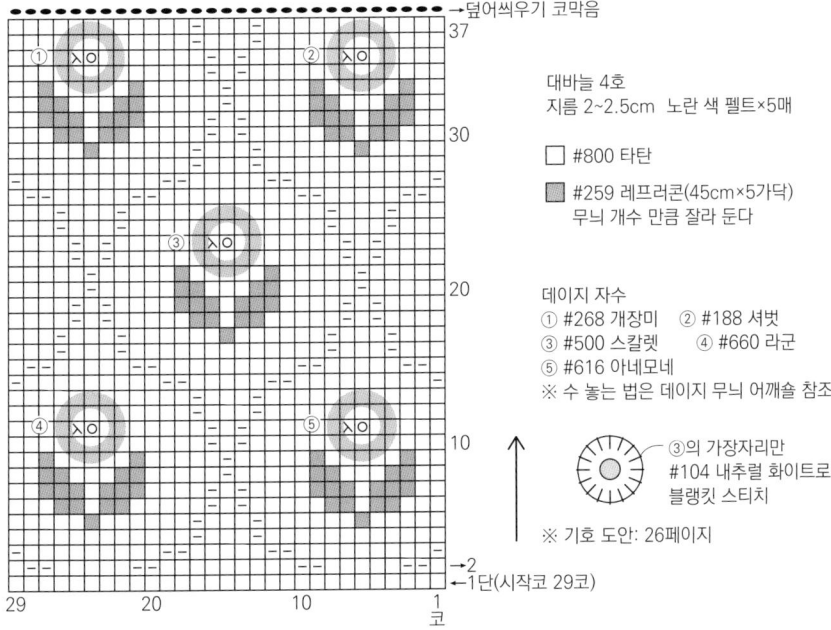

대바늘 4호
지름 2~2.5cm 노란 색 펠트×5매

☐ #800 타탄

■ #259 레프러콘(45cm×5가닥)
　무늬 개수 만큼 잘라 둔다

데이지 자수
① #268 개장미　② #188 셔벗
③ #500 스칼렛　④ #660 라군
⑤ #616 아네모네
※ 수 놓는 법은 데이지 무늬 어깨숄 참조

③의 가장자리만
#104 내추럴 화이트로
블랭킷 스티치

※ 기호 도안: 26페이지

⑨ 라트비아의 꽃

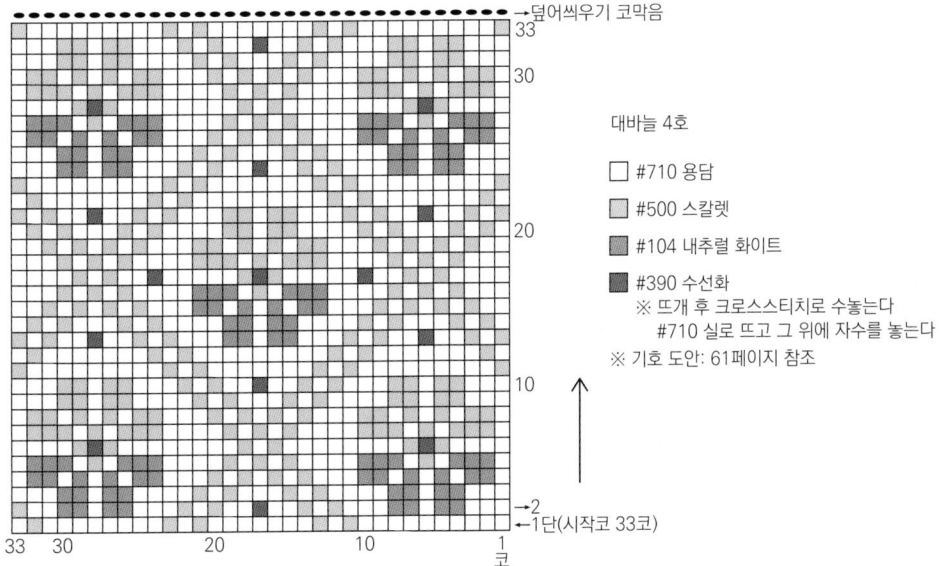

대바늘 4호

☐ #710 용담

▨ #500 스칼렛

▩ #104 내추럴 화이트

■ #390 수선화

※ 뜨개 후 크로스스티치로 수놓는다
　#710 실로 뜨고 그 위에 자수를 놓는다
※ 기호 도안: 61페이지 참조

⑩ 민들레

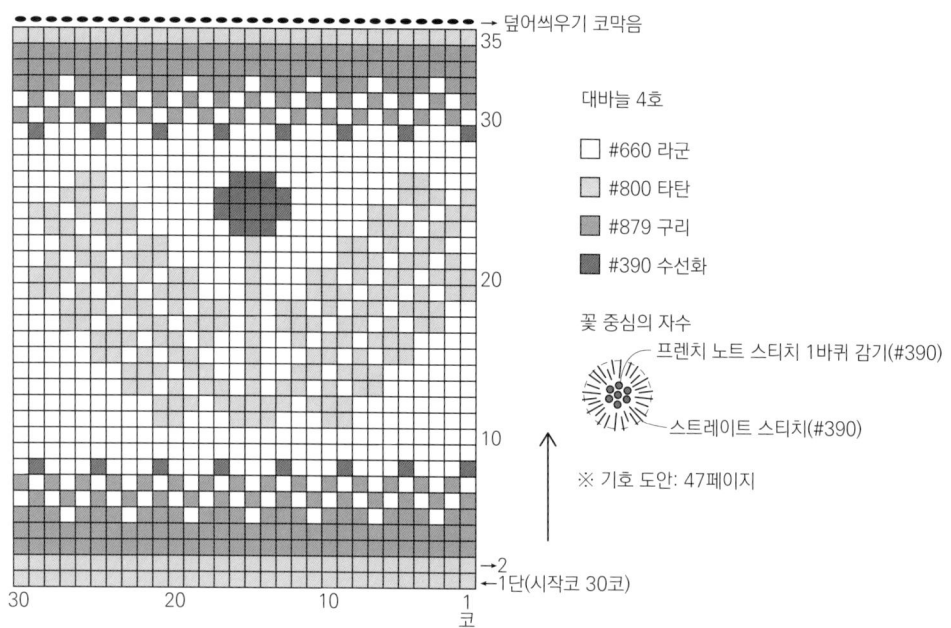

⑪ 업&다운 딸기

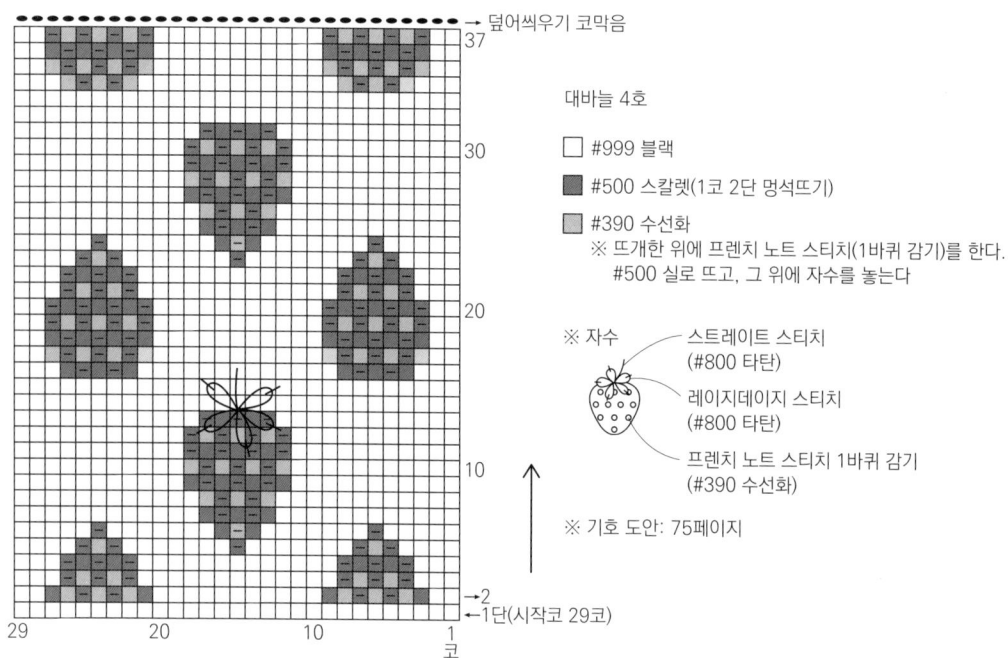

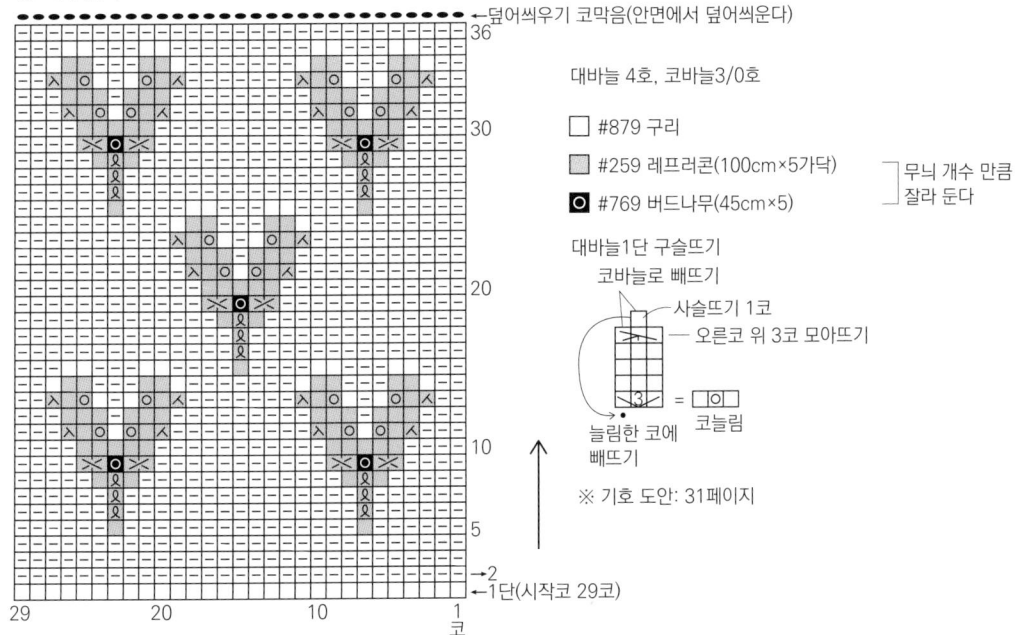

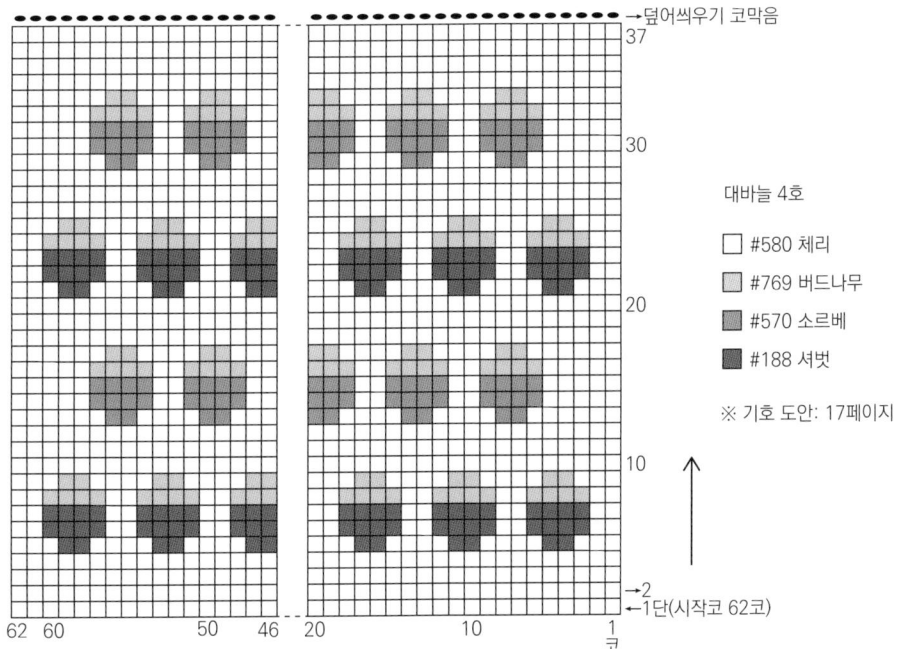

P.121 패치워크 숄

완성 치수　54×128cm

▶ 도구와 재료

실
[제이미슨스] 스핀드리프트
각 도안 참조, 적당량

※ 기호 도안 : 각 페이지 참조
　선호하는 무늬로 뜬다.

바늘
대바늘 4호(3.3㎜)
코바늘 2/0호, 3/0호

▶ 게이지
26코×31단/10cm×10cm

▶ 만드는 법

① 일반 코잡기로 코를 잡아 도안대로 모티브를 7장 떠서 덮어씌우기 코막음한다. 실을 정리하고 스팀다리미질한다.
② 자수를 놓는다.
③ 뜨개 바탕을 4와 5→6→3→2→1→7 순으로 겉면끼리 마주대고 빼뜨기로 꿰매어 잇는다. 스팀다리미질로 모양을 정리한다.
④ 세탁하여 건조한다.

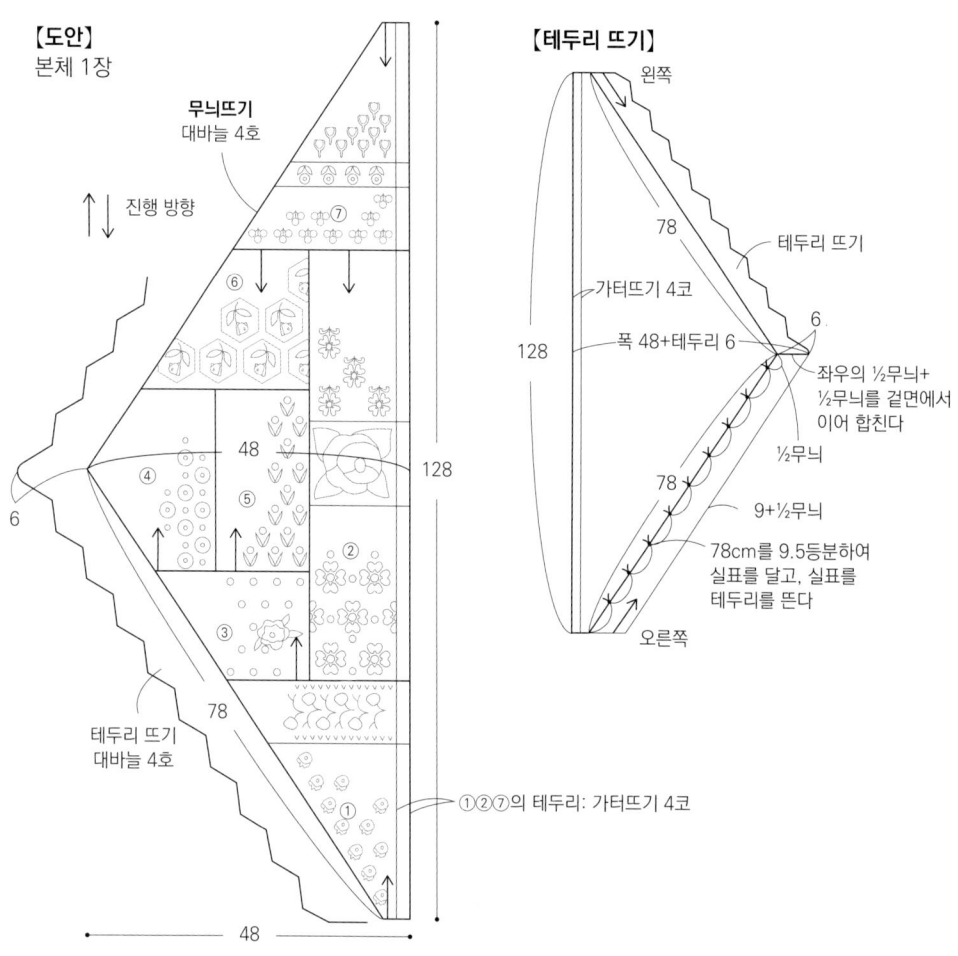

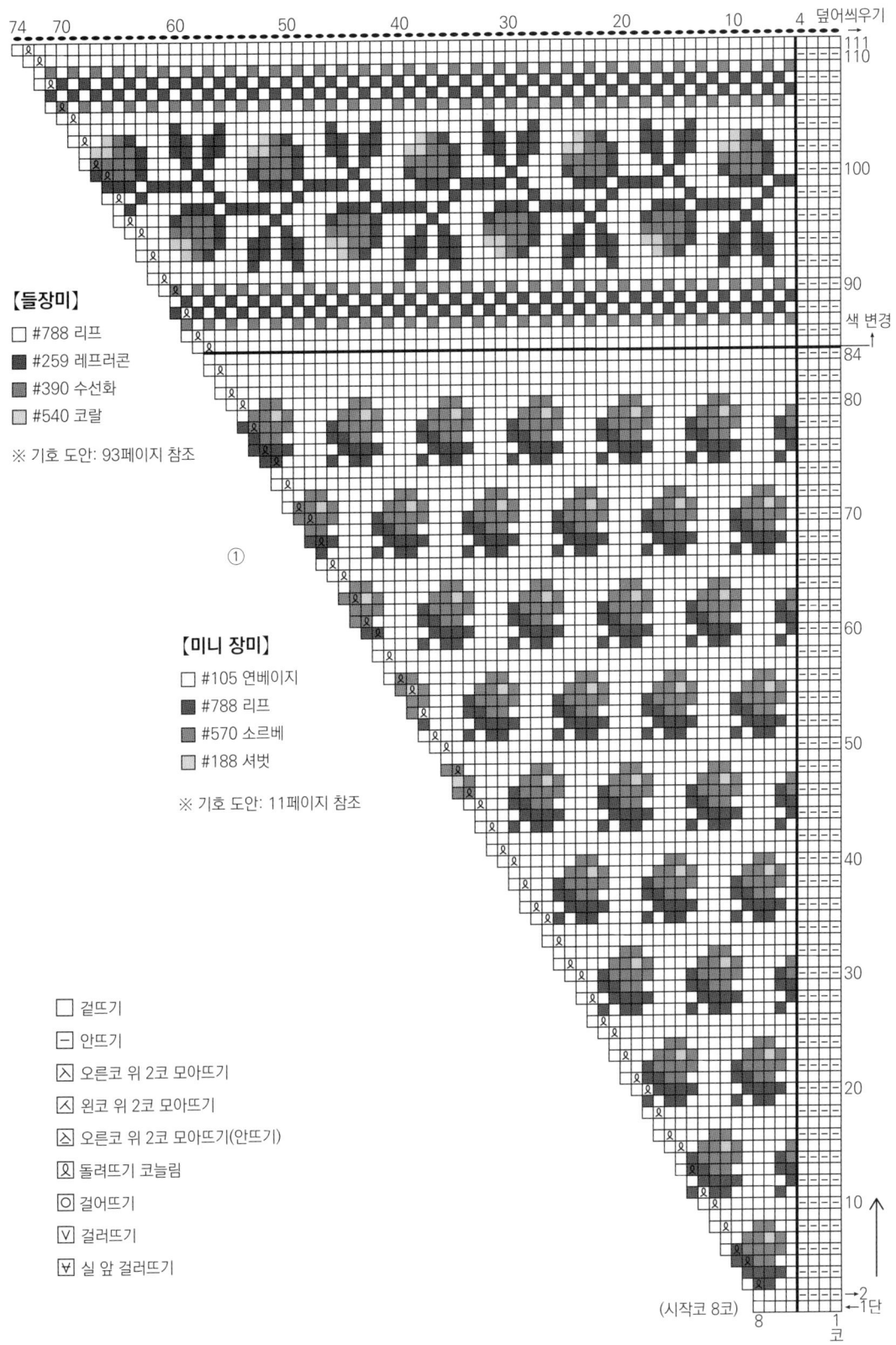

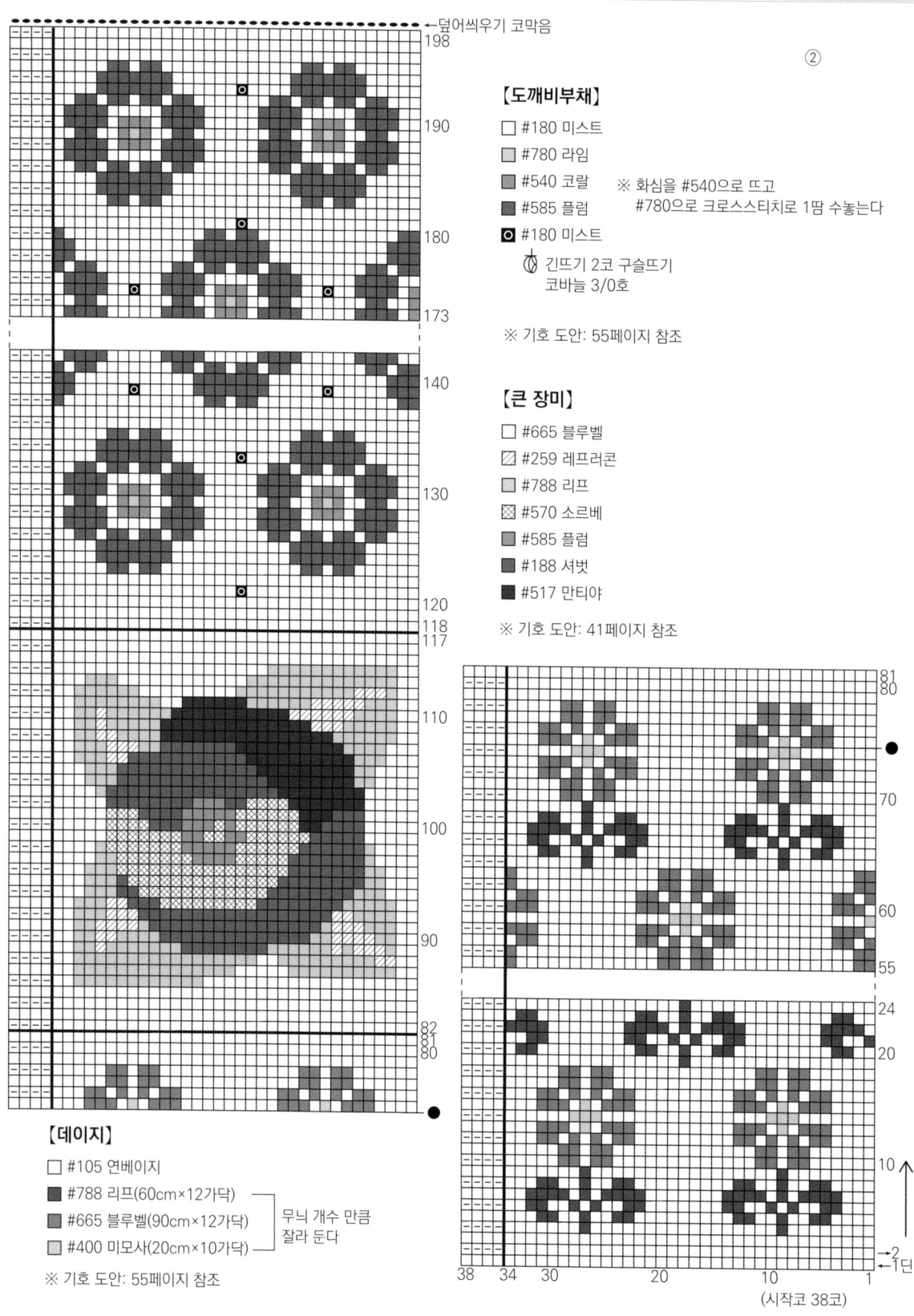

③

【장미와 구슬뜨기】

- □ #127 조약돌
- ▢ #259 레프러콘
- ▨ #188 셔벗
- ▩ #570 소르베
- ■ #517 만티야
- ■ #788 리플
- ◙ #127 조약돌

긴뜨기 2코 구슬뜨기
코바늘 2/0코

※ 기호 도안: 59페이지 참조

* 장미의 중심에 자수
프렌치 노트 스티치(2바퀴 감기)×5 #390 수선화
#570의 위에 #390으로 수놓는다

【테두리 뜨기】 대바늘 4호, #616 아네모네
본체에 연결하여 떠간다

- □ 겉뜨기
- ⊟ 안뜨기
- ⋏ 오른코 위 2코 모아뜨기
- ⋌ 왼코 위 2코 모아뜨기
- ⋏ 오른코 위 2코 모아뜨기(안뜨기)
- Ⓠ 돌려뜨기
- ◯ 걸어뜨기
- Ⅴ 걸러뜨기
- ∀ 실 앞 걸러뜨기(실이 겉면 쪽으로 건넌다)

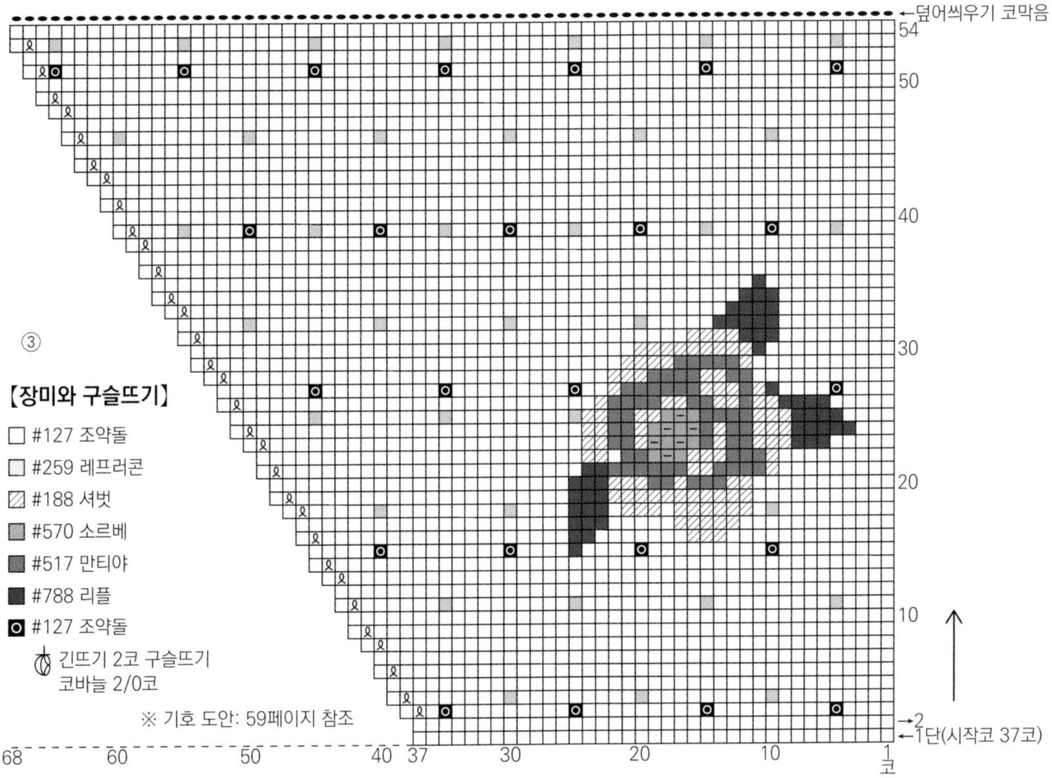

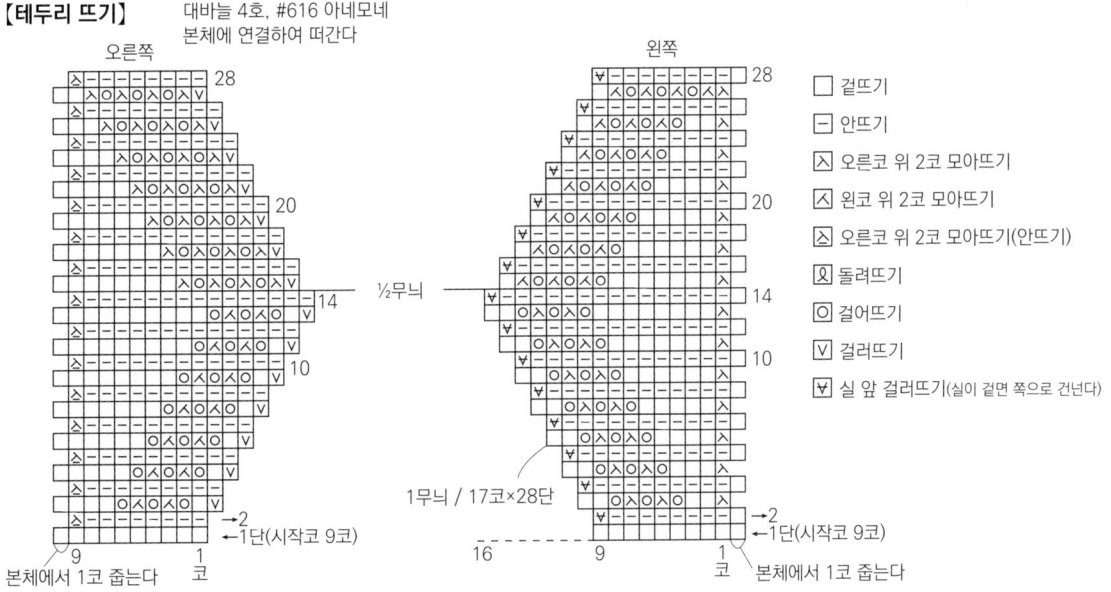

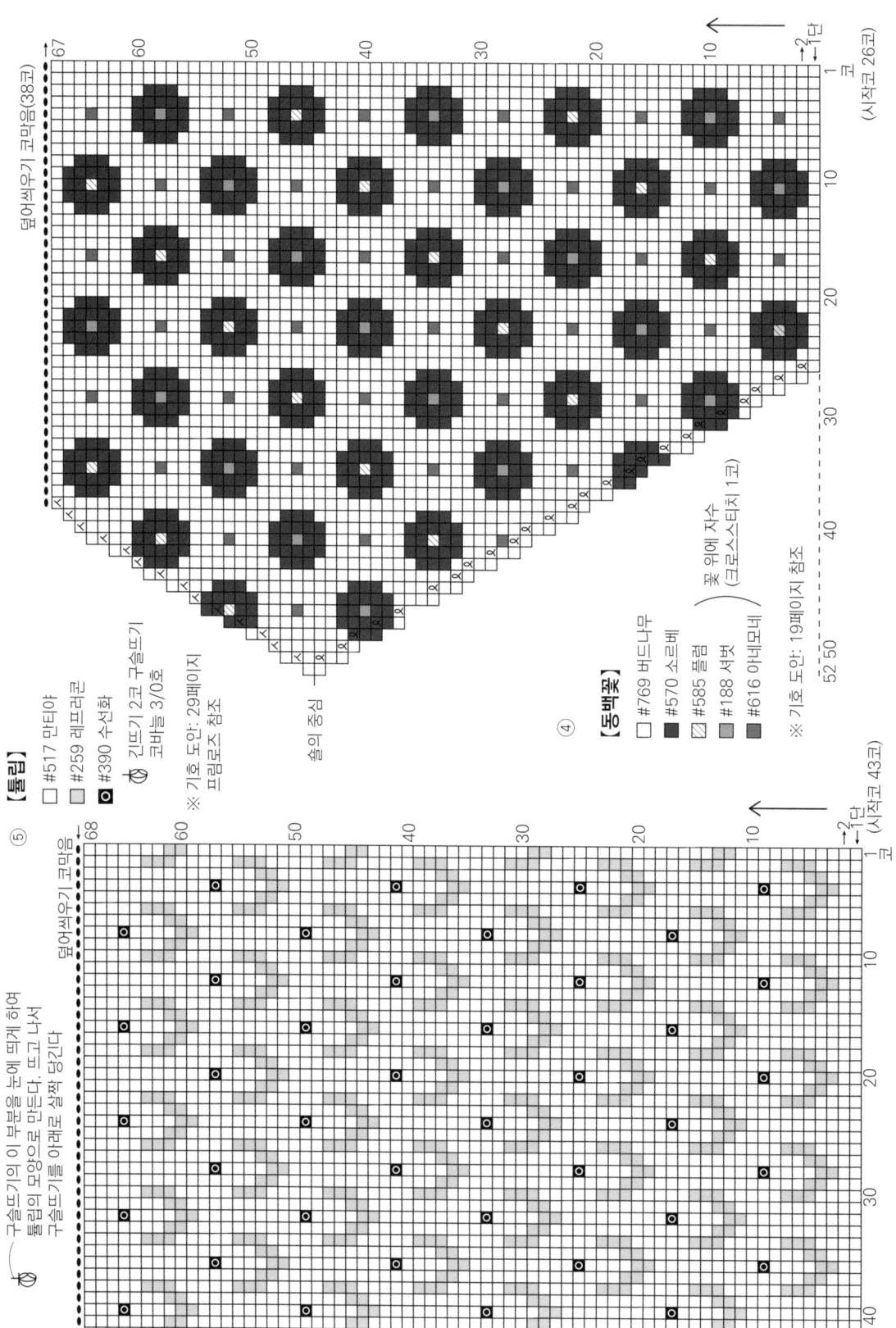

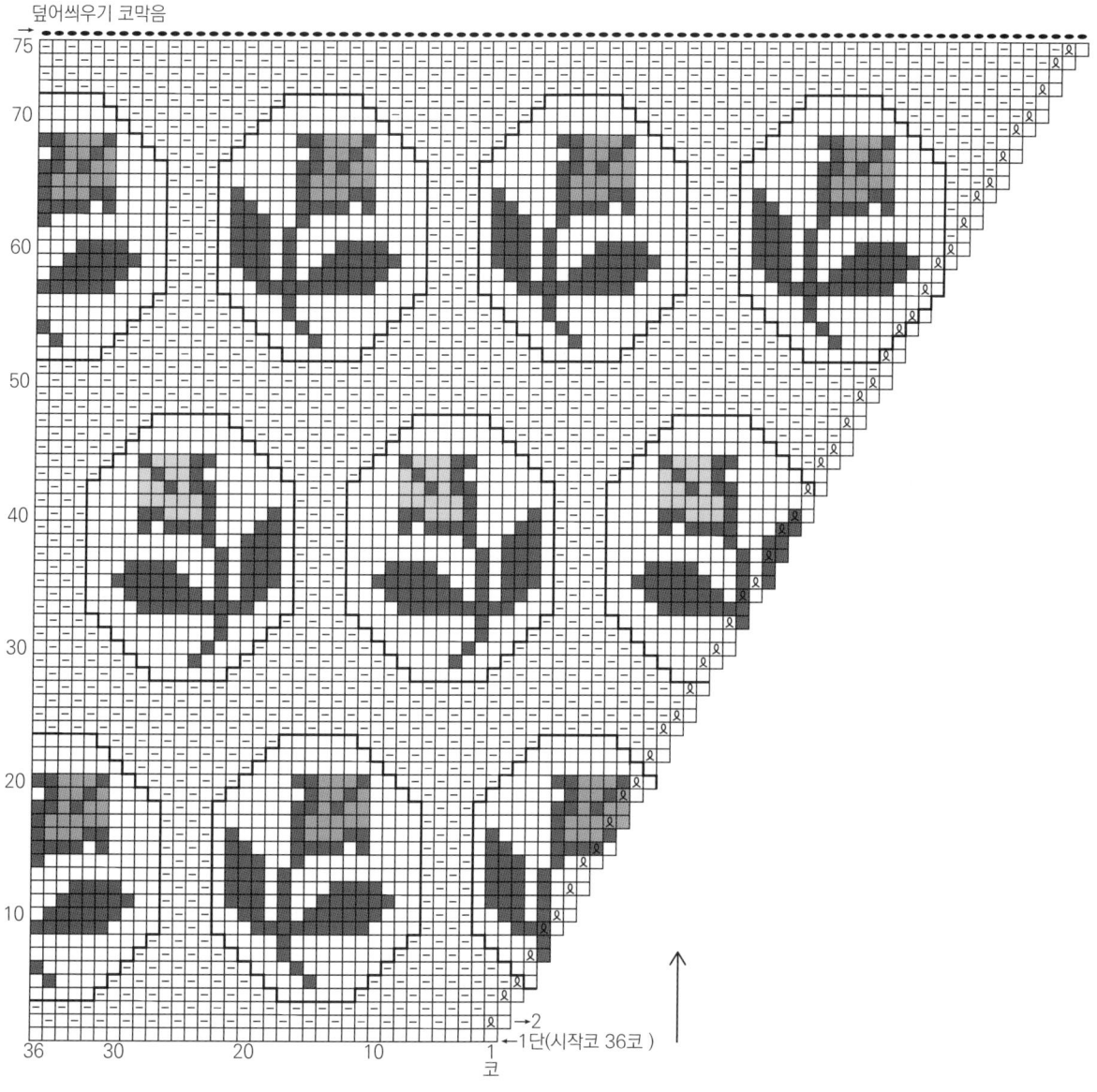

⑥ 【장미 꽃봉오리】

□ #655 차이나 블루
■ #570 소르베(오른쪽 방향)(40cm×3가닥)
■ #585 플럼(왼쪽 방향)(40cm×7가닥)
■ #780 리프(155cm×10가닥)

무늬 개수 만큼 잘라 둔다

※ 기호 도안: 51페이지 참조

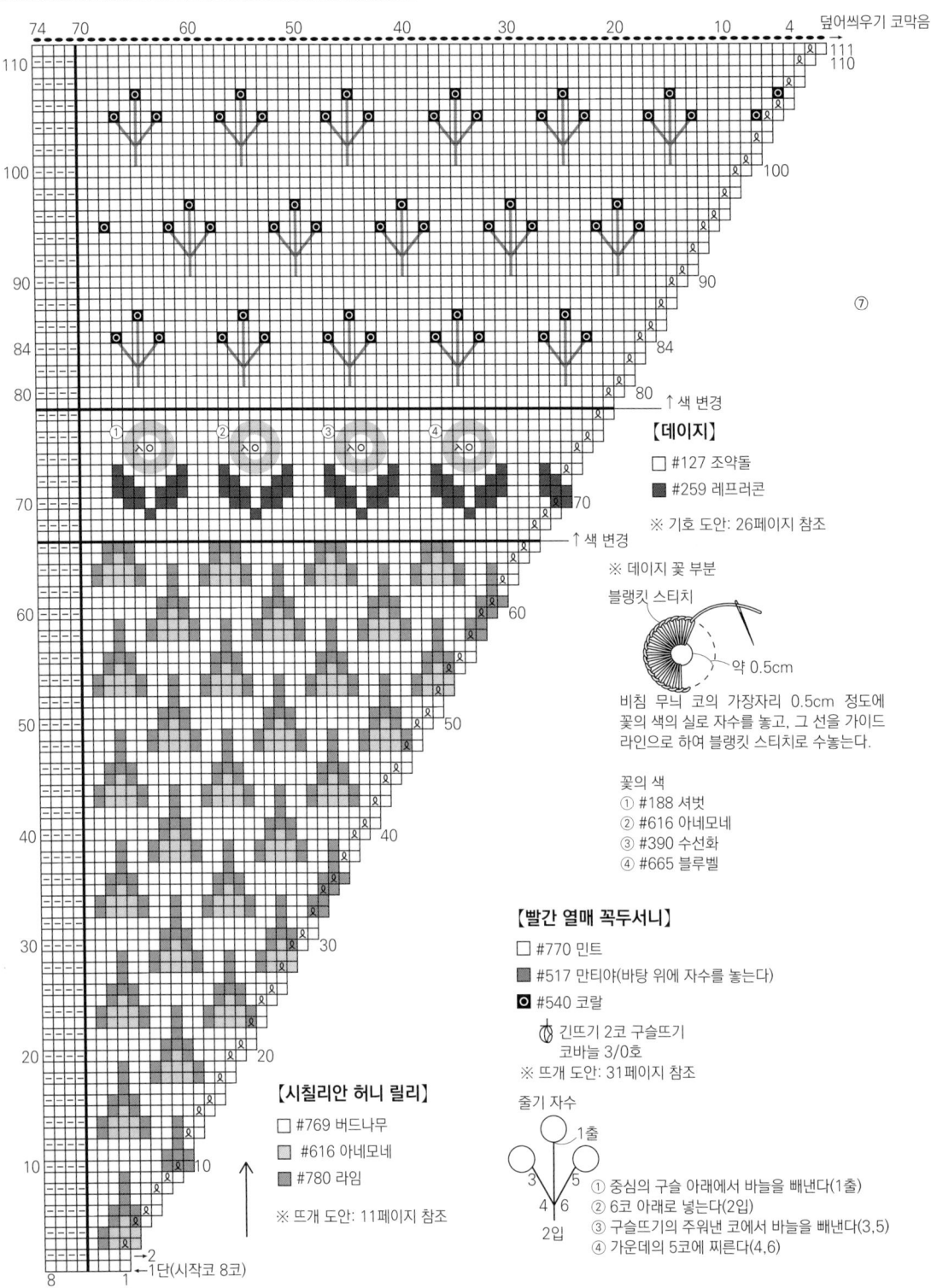

기본 기법

● 대바늘 뜨기

일반 코잡기 ※ 시작코가 헐렁해지는 경우에는 대바늘 한 자루로 코를 잡는다

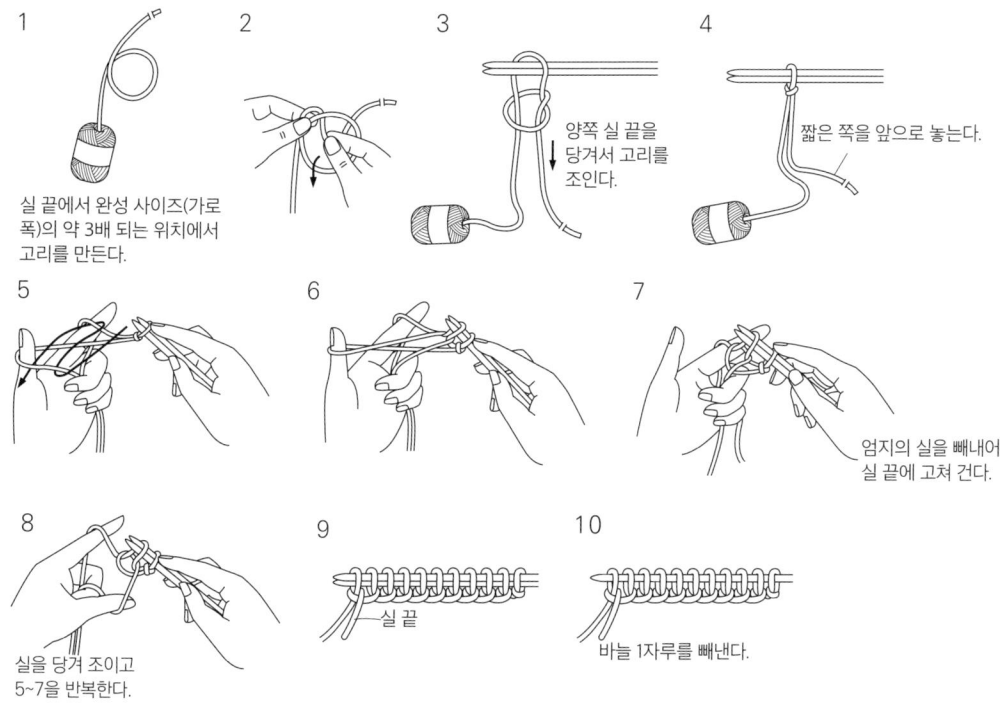

사슬코잡기(별도 사슬코를 이용한 코잡기)

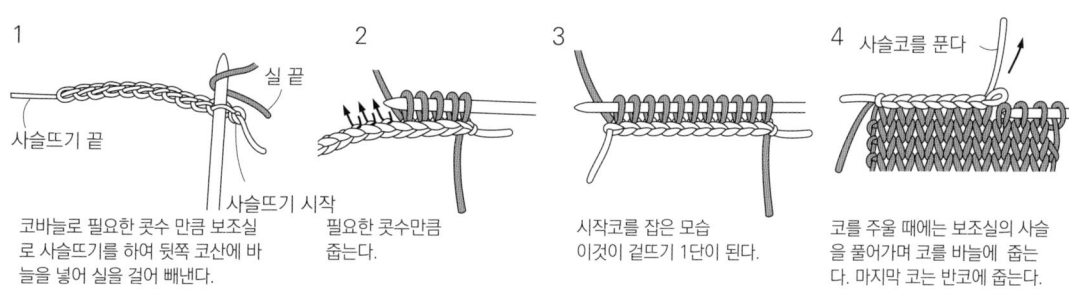

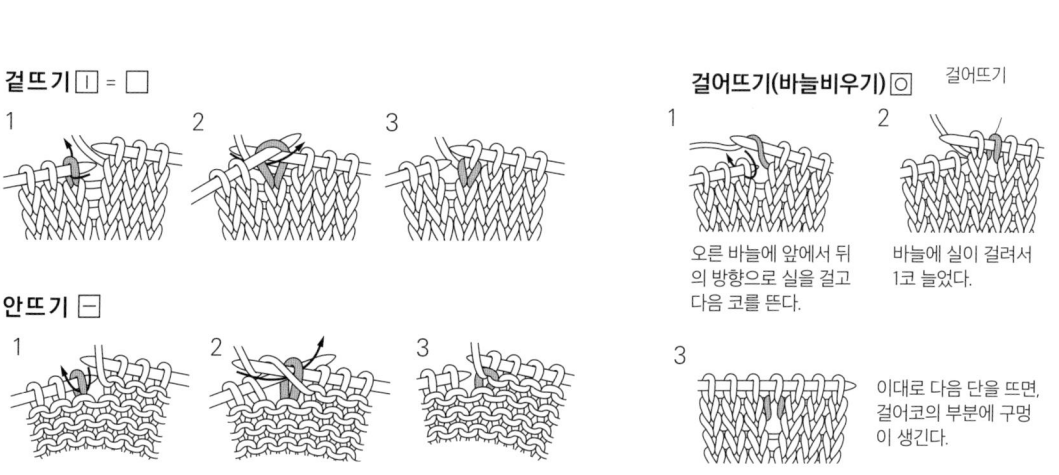

돌려뜨기 ⌾

1 2 3

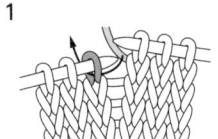

돌려뜨기(안뜨기) ⌾

화살표 방향으로 바늘을 넣어 안뜨기한다.

돌려뜨기 코늘림 ⌾

1 2 3

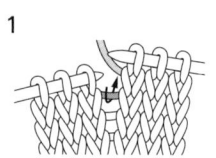

전 단의 싱커루프(가로로 건넌 실)을 끌어 올린다.

바늘을 비틀듯이 넣어서 겉뜨기를 한다.

감아코 코늘림 ⓦ

1 2 3

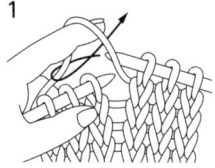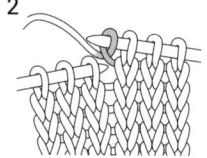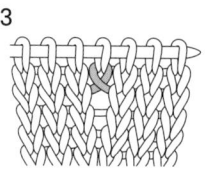

실을 화살표 방향으로 걸어 바늘에 건다.

바늘에 실이 감겨서 감아 코가 된다.

그대로 이어 뜨고 다음 단을 뜬 모습.

걸러뜨기 Ⅴ

1 2

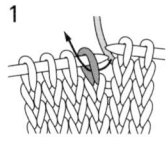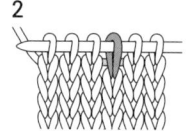

실을 뒤쪽에 놓고 뜨지 않고 오른쪽으로 옮긴다.

계속하여 다음의 코를 겉뜨기로 뜬다. 2단의 걸러뜨기는 다음단도 안뜨기로 걸러뜬다.

앞 걸러뜨기(1단) ⩛

1 오른 바늘에 코를 옮긴다 2 옮긴 코

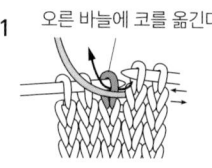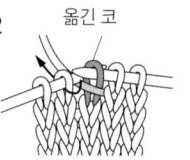

실을 앞쪽에 두고 뜨지 않고 코를 오른바늘로 옮긴다

다음의 코를 뜬다.

3 4

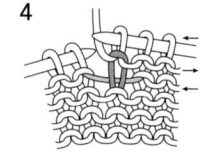

앞 걸러뜨기 코 완성.

다음 단은 안뜨기한다.

※ 안면에서는 실을 겉면쪽에 둔다.

덮어씌우기 ●

1 2 3 실을 빼내어 조인다

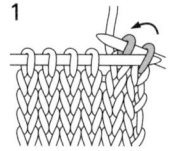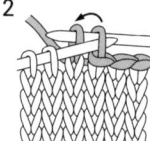

겉뜨기 2코를 덮어씌운다.
코막음할 때에는 이를 반복한다.

덮어씌우기(안뜨기) ●

1 2 3 4

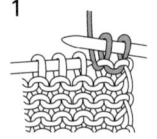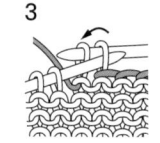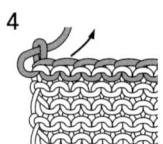

맨 끝의 2코를 안뜨기 하고 첫 번째 코를 두 번째 코에 덮어씌운다.

안뜨기를 뜨고 덮어씌우기를 반복한다.

마지막 코는 실을 빼내어 조인다.

오른코 위 2코 모아뜨기 ⃞

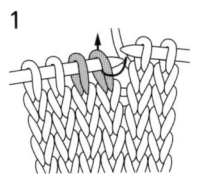
1
뜨지 않은 코를 오른쪽 바늘로 옮긴다.

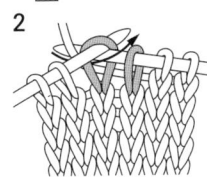
2
겉뜨기한다.

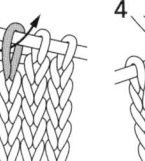
3

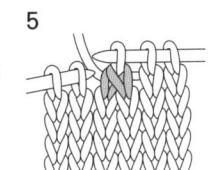
4
옮긴 코를 덮어씌운다.

5

왼코 위 2코 모아뜨기 ⃞

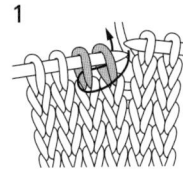
1

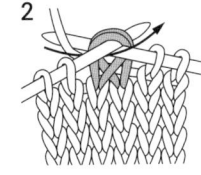
2

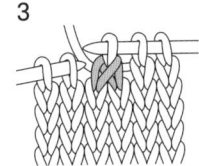
3

2코를 한 번에 뜬다.

오른코 위 2코 모아뜨기(안뜨기) ⃞

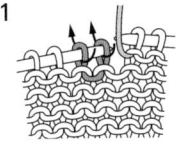
1
2코를 오른쪽 바늘로 옮긴다.

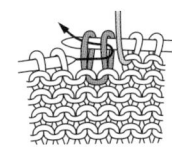
2
오늘쪽 바늘에 옮긴 2코에 왼쪽 바늘을 오른쪽에서 넣는다.

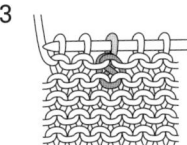
3
2코를 한 번에 안뜨기로 뜬다.

왼코 위 2코 모아뜨기(안뜨기) ⃞

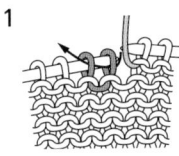
1
오른쪽 바늘을 화살표 방향으로 넣는다.

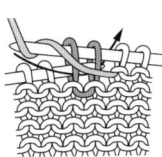
2
실을 걸어 2코를 한 번에 안뜨기한다.

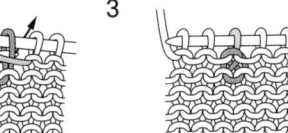
3

왼코 위 3코 모아뜨기 ⃞

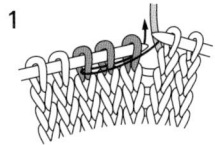
1

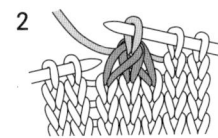
2

3코를 한 번에 뜬다.

오른코 위 3코 모아뜨기 ⃞

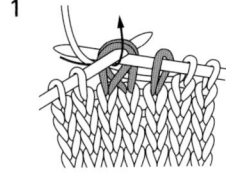
1

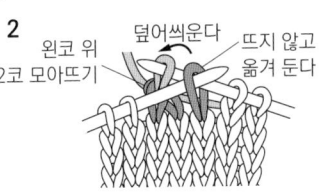
2
왼코 위 2코 모아뜨기 / 덮어씌운다 / 뜨지 않고 옮겨 둔다

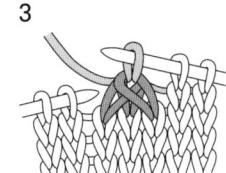
3

1코를 뜨지 않은 상태로 오른쪽 바늘에 옮기고, 다음 두 코를 겉뜨기로 모아뜨기 한다.

옮긴 코를 뜬 코에 덮어씌운다.

중심 3코 모아뜨기

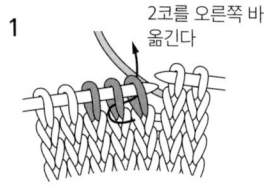 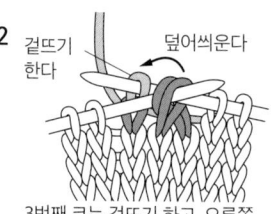 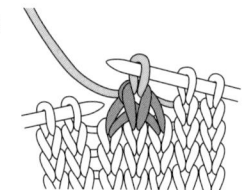

오른쪽 바늘을 2코에 화살표처럼 넣어 뜨지 않고 옮긴다.

3번째 코는 겉뜨기 하고, 오른쪽 바늘의 2코를 한 번에 덮어씌운다.

오른코 위 1코 교차뜨기

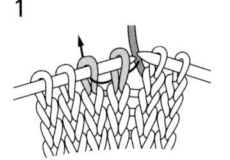 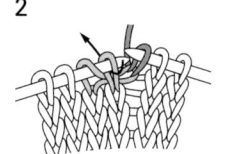 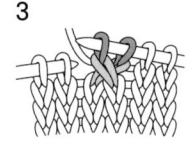

오른쪽 바늘을 다음 코의 뒤를 통해 화살표 방향으로 1코 건너뛰고 넣어 겉뜨기한다.

건너뛴 코를 겉뜨기한다.

왼쪽 바늘에서 2코를 빼낸다.

왼코 위 1코 교차뜨기

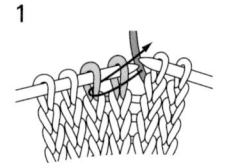 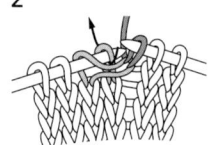 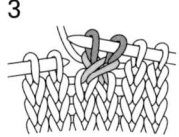

오른쪽 바늘을 다음 코의 뒤를 통해 화살표 방향으로 1코 건너뛰고 넣어 겉뜨기한다.

건너뛴 코를 겉뜨기한다.

왼쪽 바늘에서 2코를 빼낸다.

왼코 위 1코 교차뜨기(가운데 안뜨기 1코)

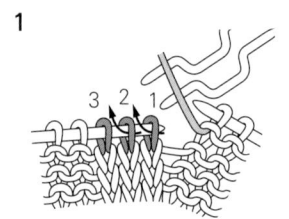 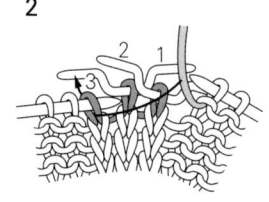 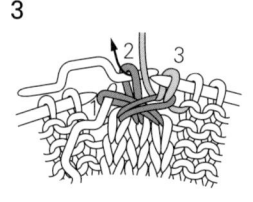 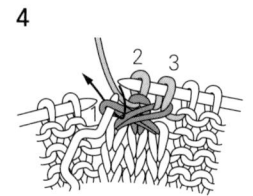

1, 2 코를 각각 꽈배기바늘로 옮기고 뒤쪽으로 넘겨둔다.

3의 코를 겉뜨기로 뜬다.

코2를 코1의 뒤에서 안뜨기로 뜬다.

코1을 겉뜨기로 뜬다.

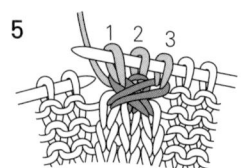

오른코 위 2코 교차뜨기

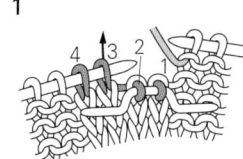

1. 꽈배기바늘에 2코를 옮겨서 앞쪽으로 옮겨두고, 다음 2코를 겉뜨기 한다.

2. 꽈배기바늘의 코를 겉뜨기로 뜬다.

3.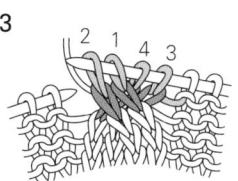

왼코 위 2코 교차뜨기

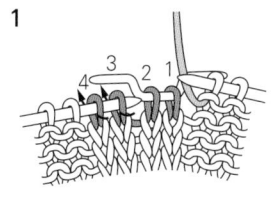

1. 꽈배기바늘에 2코를 옮겨서 뒤쪽으로 옮겨두고, 다음 2코를 겉뜨기 한다.

2. 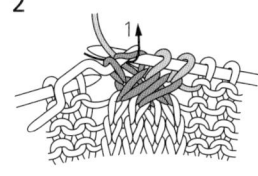 꽈배기바늘의 코를 겉뜨기로 뜬다.

3.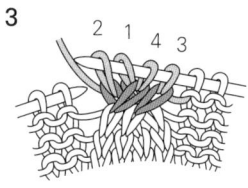

오른코 위 3코 교차뜨기

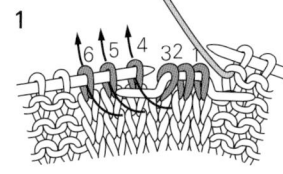

1. 꽈배기바늘에 3코를 옮겨서 앞쪽으로 두고(코1·2·3), 다음의 세 코를 코 4·5·6의 순서로 겉뜨기한다.

2. 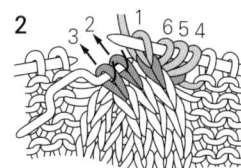 꽈배기바늘의 코를 코 1·2·3의 순서로 겉뜨기한다.

3.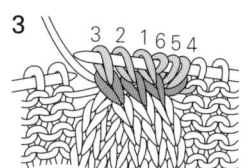

왼코 위 3코 교차뜨기

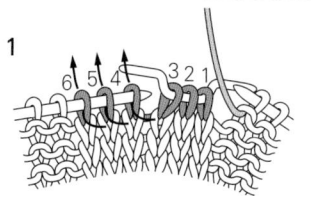

1. 꽈배기바늘에 3코를 옮겨서 뒤쪽으로 옮겨두고(코1·2·3), 다음의 세 코를 코 4·5·6의 순서로 겉뜨기한다.

2. 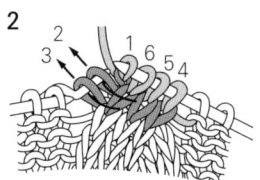 꽈배기바늘의 코를 코 1·2·3의 순서로 겉뜨기한다.

3.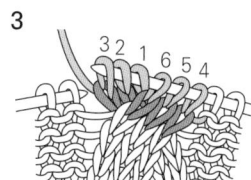

오른코 위 3코와 1코 교차뜨기

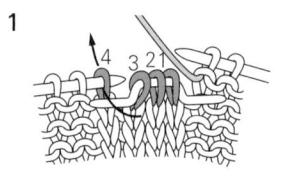
1
꽈배기바늘에 3코를 옮겨서 앞쪽으로 옮겨두고 다음의 1코(코 4)를 겉뜨기한다.

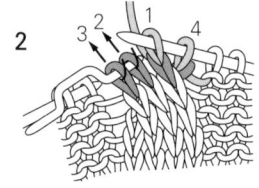
2
꽈배기바늘의 코를 코 1·2·3의 순서로 겉뜨기한다.

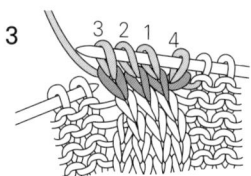
3

왼코 위 3코와 1코 교차뜨기

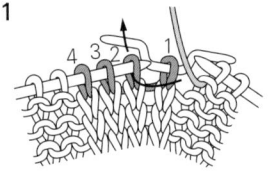
1
꽈배기바늘에 3코를 옮겨서 뒤쪽으로 옮겨두고 다음의 세 코(코 2·3·4)를 겉뜨기한다.

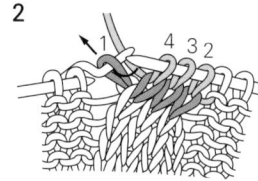
2
꽈배기바늘의 코를 겉뜨기한다.

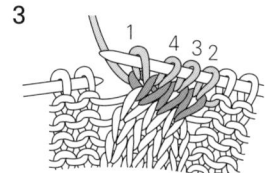
3

오른코 위 1코와 3코 교차뜨기

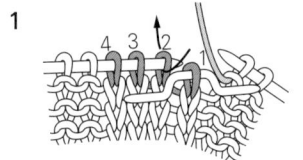
1
꽈배기바늘에 3코를 옮겨서 앞쪽으로 옮겨두고 다음의 세 코(코 2·3·4)를 겉뜨기한다.

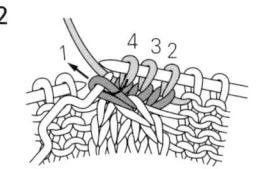
2
꽈배기바늘의 코를 겉뜨기한다.

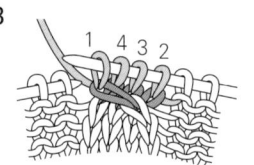
3

왼코 위 1코와 3코 교차뜨기

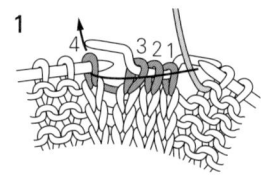
1
꽈배기바늘에 3코를 옮겨서 뒤쪽으로 옮겨두고 다음의 1코(코 4)를 겉뜨기한다.

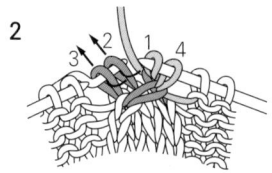
2
꽈배기바늘의 코를 코 1·2·3의 순서로 겉뜨기한다.

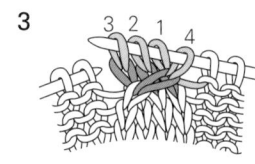
3

오른코 위 1코 돌려 교차뜨기(아래코 안뜨기)

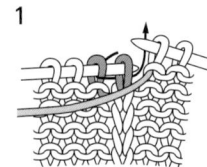
1
오른쪽 바늘을 화살표 방향으로 넣어 빼낸다.

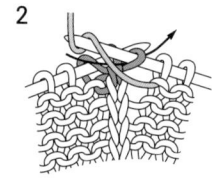
2
오른쪽 바늘에 실을 걸어 화살표 방향으로 실을 끌어내고 안뜨기한다.

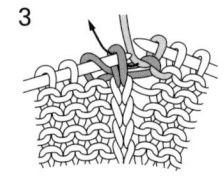
3
오른쪽 바늘을 화살표 방향으로 넣어 돌려뜨기(겉뜨기)한다.

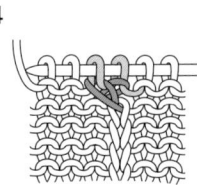
4

왼코 위 1코 돌려 교차뜨기(아래코 안뜨기)

1
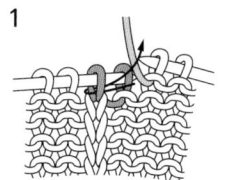
화살표 방향으로 오른쪽 바늘을 넣어 빼낸다.

2
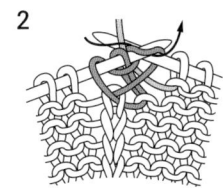
오른쪽 바늘에 실을 걸어 화살표 방향으로 실을 끌어당겨 돌려뜨기(겉뜨기) 한다.

3
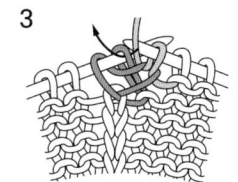
오른 바늘을 화살표 방향으로 넣어 앞쪽의 코를 안뜨기로 뜬다.

4
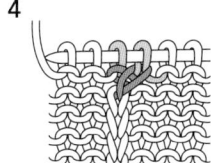

라트비안 브레이드

1
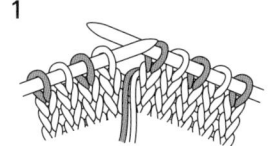
전 단을 2가지 색으로 번갈아가며 겉뜨기하고 단의 끝에서 실을 모두 앞쪽으로 옮긴다.

2
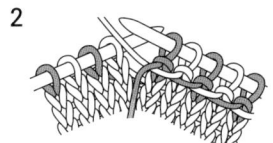
다음 단(라트비안 브레이드)는 1코마다 실을 아래에서 앞의 코의 다음 색의 실로 내어서 겉뜨기한다.

3
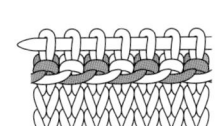

더블 라트비안 브레이드(평면뜨기)

※ 라트비안 브레이드는 뜨는 도중에 2가지 색의 실이 꼬이므로 종종 꼬임을 풀어가면서 뜬다.

1
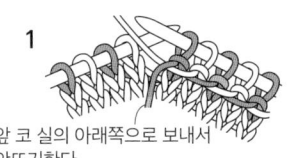
앞 코 실의 아래쪽으로 보내서 안뜨기한다.
라트비안 브레이드를 뜬다.

2
앞 코 실의 아래쪽으로 보내서 겉뜨기한다.
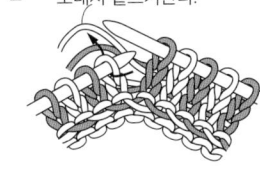

다음 단에서 평면뜨기(왕복뜨기)로 뜬다. 실을 뜨개 바탕의 겉면에 둔 채로 실을 앞 코 실의 아래쪽으로 보내서 겉뜨기한다.

>>>>> 겉면에서 보면, 왼쪽 그림과 같은 무늬가 된다.

떠서 꿰매기

1
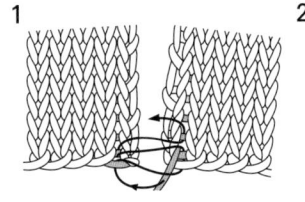

2

빼뜨기로 잇기

1
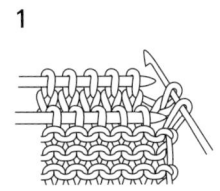
뜨개 바탕을 겉면끼리 마주 대고 두 뜨개 바탕의 끝 코에 코바늘을 건다.

2
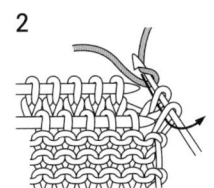
잇는 실이 뒤쪽 뜨개 바탕의 끝에 오게 하여 실을 걸어 2코를 빼뜬다.

3
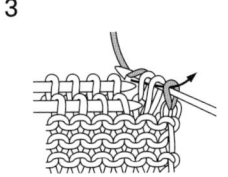
다음부터는 앞쪽과 뒤쪽에 코바늘을 넣어 실을 걸어 3코를 한 번에 빼뜬다.

4
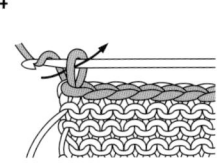
마지막의 코를 잇고 코바늘에 남은 코에서 실을 빼내고 실을 끊는다.

● 코바늘 뜨기

원형코잡기

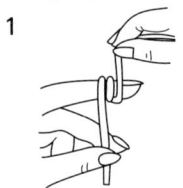 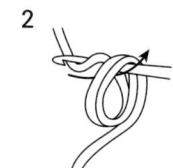 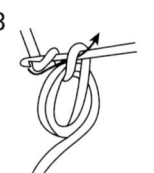 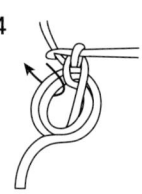

왼손의 검지에 실을 가볍게 2바퀴 돌려 감는다.

손가락에서 고리를 벗겨내어 2겹의 실을 주워가며 필요한 콧수 만큼 뜬다.

사슬뜨기 ◯

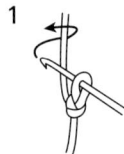 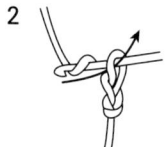 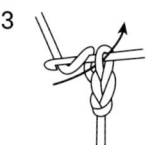

1. 화살표 방향으로 바늘에 실을 건다.
2. 바늘에 걸린 코의 가운데로부터 실을 빼내어 첫 코를 뜬다. 바늘에 실을 건다.
3. 실을 걸어 바늘에 걸린 코의 가운데에서 실을 빼내어 두 번째 코를 뜬다.

짧은뜨기 ✕

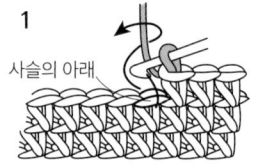
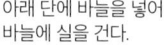 사슬의 아래
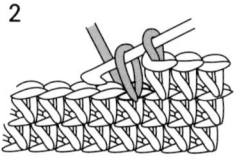 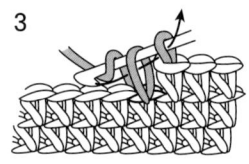 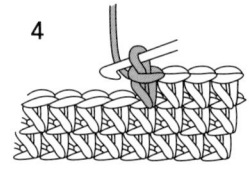

1. 아래 단에 바늘을 넣어 바늘에 실을 건다.
2. 건 실을 앞쪽으로 끌어 뺀다.
3. 바늘에 실을 걸어 한 번에 빼낸다.
4. 1코 완성.

긴뜨기

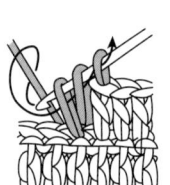

1. 실을 걸어 앞 단의 뜨개코의 사슬을 통해 실을 빼낸다.
2. 바늘에 실을 걸어 한 번에 빼낸다.

한길긴뜨기

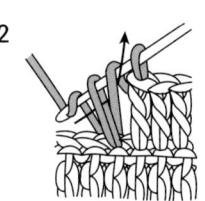

1. 실을 걸어 아래 단의 뜨개코의 사슬을 통해 실을 빼낸다.
2. 실을 걸어 빼낸다.
   ※ 구슬뜨기는 여기까지

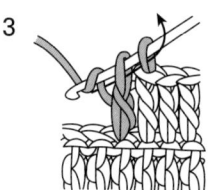

3. 한번 더 실을 걸어 빼낸다

두길 긴뜨기

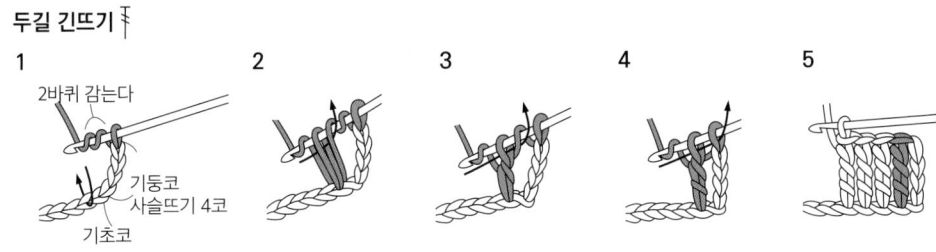

바늘에 실을 두바퀴 감아 아래 단의 뜨개코의 사슬2가닥에 바늘을 넣는다.

사슬코 2코만큼의 높이의 실을 끌어내어 바늘에 걸린 고리를 2가닥씩 빼낸다.

한길 긴뜨기 1코 구슬뜨기

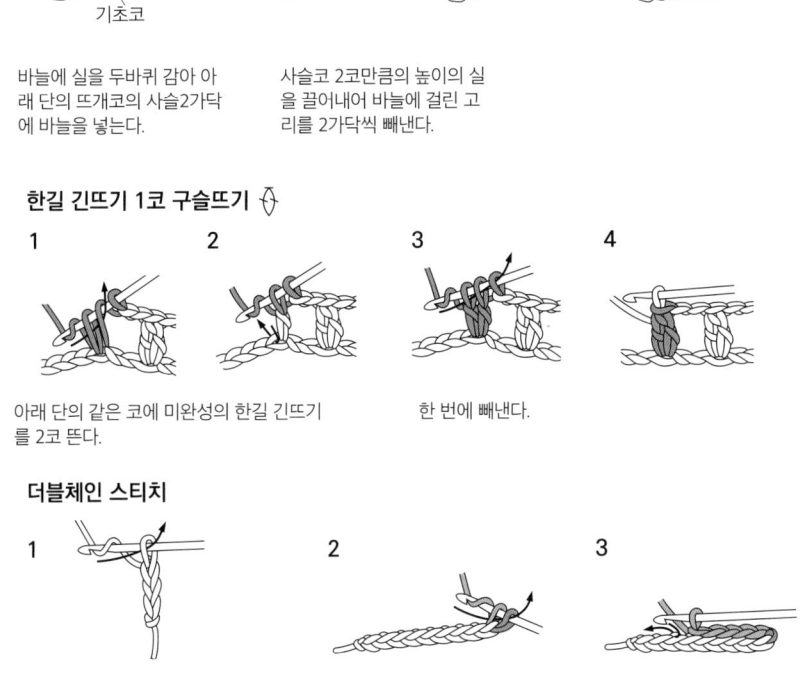

아래 단의 같은 코에 미완성의 한길 긴뜨기를 2코 뜬다.

한 번에 빼낸다.

더블체인 스티치

필요한 길이만큼 사슬뜨기 한다. 빼뜨기를 뜨면 조금 줄어들므로 10%정도 길게 만든다.

필요한 길이만큼 사슬을 뜨면, 사슬의 뒷산을 주워서 빼뜨기를 한다.

●수놓기

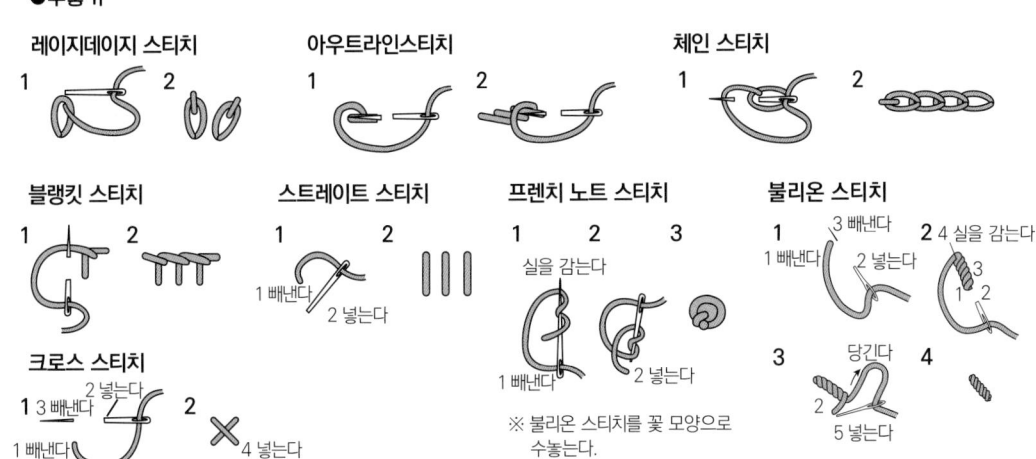

레이지데이지 스티치

아우트라인스티치

체인 스티치

블랭킷 스티치

스트레이트 스티치

프렌치 노트 스티치

불리온 스티치

크로스 스티치

※ 불리온 스티치를 꽃 모양으로 수놓는다.

이부키 히로코 伊吹 広子 Hiroko Ibuki

수예가이자 니트 디자이너. 14세부터 런던에 체재하여 해외의 수예 문화에도 친숙하다. 귀국 후 손뜨개 지도원이 되어 수예 잡지, 〈NHK 수예 텍스트〉 등의 저자로 활약중이다. 섬세한 테크닉과 독창적인 색 조합으로 정평이 나 있으며 93년부터 도쿄, 교토, 상하이에서 개인전을 개최하고 있다. 자택 아틀리에나 뜨개실 전문점, 문화센터 등에서 워크숍을 개최하고 손뜨개 도서(3권), 러그 만들기 도서(1권), 손뜨개인형 도서(1권)를 집필했다.

http://http://love-live-laugh.cocolog-nifty.com/
Instargram @hirokoibuki

옮긴이 제리

《실과 뜨개 — 뜨고 싶은 실, 소재감을 즐기는 니트》《뜨개옷장》《(에코안다리아로 떠서 즐기는) 코바늘 키즈 모자 & 가방 세트》《어른스러운 손뜨개 가방과 모자》《뜨개노트》를 옮겼다.

플라워 니팅
대바늘로 뜨는 귀여운 꽃과 열매 무늬 100가지

초판 1쇄 발행 2025년 7월 1일
초판 2쇄 발행 2025년 10월 31일

지은이 이부키 히로코
옮긴이 제리

펴낸이 고은애
펴낸곳 북스앤디지털
출판신고 제 25100-2018-000023호
전화 02-6448-6322
e-mail book@booksndigital.co.kr
Instargram @acompleteday_pub

한국어판 출판권 ⓒ 북스앤디지털 2025
오롯한날은 북스앤디지털의 출판 브랜드입니다.

ISBN 979-11-986459-4-4 (13590)
책값은 뒤표지에 있습니다.

Original edition creative staff
Photos Yuko Fukui
Book design Motoko Kitsukawa
Model Tamako Miyazaki
Patterns Mari Saito(ATELIER MARIRI.)
Editor Ayako Enaka (Graphic-sha Publishing Co., Ltd.)
Special thanks
　　DAIDOH FORWARD LTD. / Puppy (http://www.puppyarn.com)
　　DMC [Dollfus Mieg & Cie, S.A.] (https://www.dmc.com)
　　Euro Japan Trading Co. (https://www.eurojapantrading.com)
　　Chiharu Okahara, Miyuki Hayashi
　　BasketMoon (Instagram @basketmoon_kagoami)
　　UTUWA (https://www.awabees.com)
Foreign edition Production and management: Takako Motoki, Yuki Yamaguchi (Graphic-sha Publishing Co., Ltd.)

フラワーニッティング 棒針で編む かわいい花と実のモチーフ100
著者: 伊吹 広子
© 2023 Hiroko Ibuki
© 2023 Graphic-sha Publishing Co., Ltd.

This book was first designed and published in Japan in 2023 by Graphic-sha Publishing Co., Ltd.
This Korean edition was published in 2025 by BOOKSNDIGITAL through AMOAGENCY,Korea.

이 책의 한국어판 저작권은 AMO에이전시를 통해 저작권자와 독점 계약한 북스앤디지털에 있습니다.
저작권법에 의해 한국 내에서 보호를 받는 저작물이므로 무단 전재와 무단 복제를 금합니다.